Sonnenspuren

Sonnenspuren

365 INSPIRATIONEN
ZU LIEBE UND LEBEN

HERAUSGEGEBEN VON MARCUS BRAYBROOKE

kreuz

Sonnenspuren
Herausgeber: Marcus Braybrooke

Redaktion: Louise Nixon
Beratung: Catherine Bradley
Gestaltung: Rachel Cross
Bildredaktion: Cee Weston-Baker

Die Deutsche Bibliothek – CIP-Einheitsaufnahme
Ein Titeldatensatz für diese Publikation ist bei
Der Deutschen Bibliothek erhältlich.

1 2 3 4 5   07 06 05 04 03

Kreuz Verlag GmbH & Co.KG Stuttgart/Zürich
Ein Unternehmen der Verlagsgruppe Dornier
Postfach 80 06 69, 70506 Stuttgart, Tel.: 0711/788030
Sie erreichen uns rund um die Uhr unter
www.kreuzverlag.de

Übersetzung: Jutta Hamberger
Produktion: Print Company Verlagsgesellschaft m. b. H., Wien
Umschlaggestaltung: Bergmoser & Höller Agentur, Aachen
Druck und Bindung: Imago, Singapore

ISBN 3 7831 2332 1

Inhalt

Vorwort

Wie stürmisch auch immer uns die Reise unseres Lebens erscheint, in den Tiefen unseres Seins gibt es stets eine Quelle der Ruhe – wir müssen nur herausfinden, wie man sie aktiviert. Aber wie soll es uns gelingen, inmitten all der Turbulenzen unserer Gefühle, Ängste und dem Stress unserer alltäglichen Verantwortungen danach zu suchen?

Durch die Jahrhunderte haben Schriftsteller Gedanken über die Existenz universeller Werte und Wahrheiten in Worte gefasst, Schriftsteller, deren Lebensumstände, Glauben und historischer Zeitbezug unterschiedlicher nicht sein könnten. Am inspirierendsten sind ihre Worte über Frieden, Liebe und Geist – denn das ist es, worauf es wirklich ankommt, egal, welche politischen oder religiösen Überzeugungen wir haben. Das ist das Wesentliche in unserem Leben, und deshalb sind wir im Einklang mit uns selbst, mit anderen, mit allem, was das Leben für uns bereit halten mag, und mit unserer eigenen Sterblichkeit.

Die Inspirationen in diesem Buch erinnern uns an die tiefe Ruhe, die wir finden können, wenn wir ein Leben voll Hinnahme, Einfachheit, Mitgefühl, Dankbarkeit, Liebe und Glauben leben. Wenn wir mit dieser Stille tief in uns selbst in Kontakt kommen, berührt uns eine Macht, die weit größer ist als die unsere. Wir alle können aus dieser unerschöpflichen Quelle des Segens Stärke und Erneuerung ziehen.

Dann kann es gelingen, unsere durch mancherlei Ablenkung unterdrückte Spiritualiät freizusetzen und in Liebe und Energie umzuwandeln – in Liebe für uns selbst, für unsere Freunde, für alle Menschen, die wir lieben, überhaupt für alle Menschen auf der Welt, für jene, die leiden, und sogar für die, die uns Böses wollen – Liebe zur ganzen Menschheit, mit der wir im Geiste eins sind.

Liebe und Mitgefühl helfen, Konflikte und Gewalt unter und zwischen Völkern zu entschärfen. Jeder von uns kann ein Botschafter des Friedens werden und so heilende Energie in die Welt ausstrahlen. Liebe zum eigenen Ich mag einem zunächst egoistisch vorkommen, aber sich selbst anzunehmen und zu lieben ist die Voraussetzung dafür, anderen unsere Liebe zu schenken. Das erste Kapitel dieses Buches, „Zentrum des Seins", ist diesem Thema gewidmet. Von hier aus weitet sich der Blick allmählich, durch den „Inneren Kreis der Liebe" (mit so wichtigen Themen wie Mitgefühl, Schicksal, Freundschaft, Familie) bis zum „Äußeren Kreis des Geistes" – unserer Beziehung zur Welt und dem Einen darin und jenseits davon.

Lesen Sie, reflektieren Sie und lassen Sie sich inspirieren. Und wenn Sie hier Weisheit finden, nehmen Sie sie mit und freuen sich aus ganzem Herzen daran.

Marcus Braybrooke

Die Tür zum menschlichen Herzen kann nur von innen geöffnet werden.

Spanisches Sprichwort

Zentrum des Seins

• Wahres Ich • Selbstwert • Innere Stärke • Stille

• Innere Weisheit • Geben • Dankbarkeit • Wunder • Hier und Jetzt

• Aufmerksamkeit • Natur • Akzeptanz • Einfachheit • Glück • Wahrheit

• Ohne Worte • Bescheidenheit • Glaube

Wahres Ich

2 *Am wichtigsten*

Die wichtigste Stunde ist immer die Gegenwart.
Der bedeutendste Mensch ist immer der,
der dir gerade gegenüber steht.
Das notwendigste Werk ist stets die Liebe.

Meister Eckhart (1260-1327), Deutschland

3 *Lautenmusik*

Meine Seele gab mir guten Rat. Sie lehrte mich, dass die Lampe, die ich trug, nicht mir gehörte, und das Lied, das ich sang, nicht von mir stammte. Auch wenn ich im Licht gehe, bin ich nicht das Licht, und wenn ich eine straff gespannte Laute bin, so bin ich nicht der Lautenspieler.

Jelaladdin Rumi (1207–1273), Persien

4 Seine Hand

Ist einer, der nimmt alle in die Hand,
dass sie wie Sand durch seine Finger ringen.
Er wählt die schönsten aus den Königinnen
und lässt sie sich in weißen Marmor hauen,
still liegend in des Mantels Melodie;
und legt die Könige zu ihren Frauen,
gebildet aus dem gleichen Stein wie sie.

Ist einer, der nimmt alle in die Hand,
dass sie wie schlechte Klingen sind und brechen.
Es ist kein Fremder, denn er wohnt im Blut,
das unser Leben ist und rauscht und ruht.
Ich kann nicht glauben, dass er Unrecht tut;
doch hör ich viele Böses von ihm sprechen.

Rainer Maria Rilke (1875–1927), aus „Strophen", „Buch der Bilder", Österreich

5 Ein freier Geist

Ein freier Geist kümmert sich um nichts, das nicht den besten Teil an das Sein oder eine Form des Anbetens gebunden hat und das nicht in sich selbst seine Interessen zu erfüllen sucht, sondern in Gottes Wille. Jede Arbeit, und sei sie noch so gering, kommt von dieser Macht und Stärke.

Meister Eckhart (1260–1327), Deutschland

6 Selbsterkenntnis

Das ist das Wunder des Lebens: jeder Mensch,
der sich selbst achtet, weiß,
was kein Wissenschaftler je wissen kann –
wer er selbst ist.

Søren Kierkegaard (1813–1855), Dänemark

7 *Im innersten Kreis*

Zwei Übungen zum Beginn des Lebens: verenge den Kreis um dich und vergewissere dich, dass du dich nicht irgendwo außerhalb dieses Kreises verbirgst.

Franz Kafka (1883–1924), Österreich

8 Spiegelbild

Das Ich existiert sowohl innerhalb wie außerhalb des Körpers, genauso, wie ein Bild im Spiegel und davor existiert.

Aus dem Ashtavakra Gita *(um 200 v. – 200 n. Chr.), Indien*

Selbstwert

9 Ein Tropfen im Meer

Wir wissen, was wir tun, ist nur ein Tropfen im Meer.
Gäbe es diesen Tropfen nicht, würde das Meer kleiner sein,
weil dieser eine Tropfen fehlt.

Mutter Teresa (1910–1997), Indien

10 Der Himmel

Der Himmel ist in dir und auch der Höllen Qual.

Angelus Silesius (1624–1677), Schlesien

11 Mitgefühl

Wenn du kein Mitgefühl für dich hast, ist es unvollkommen.

Buddha (um *563–483 v. Chr.), Indien*

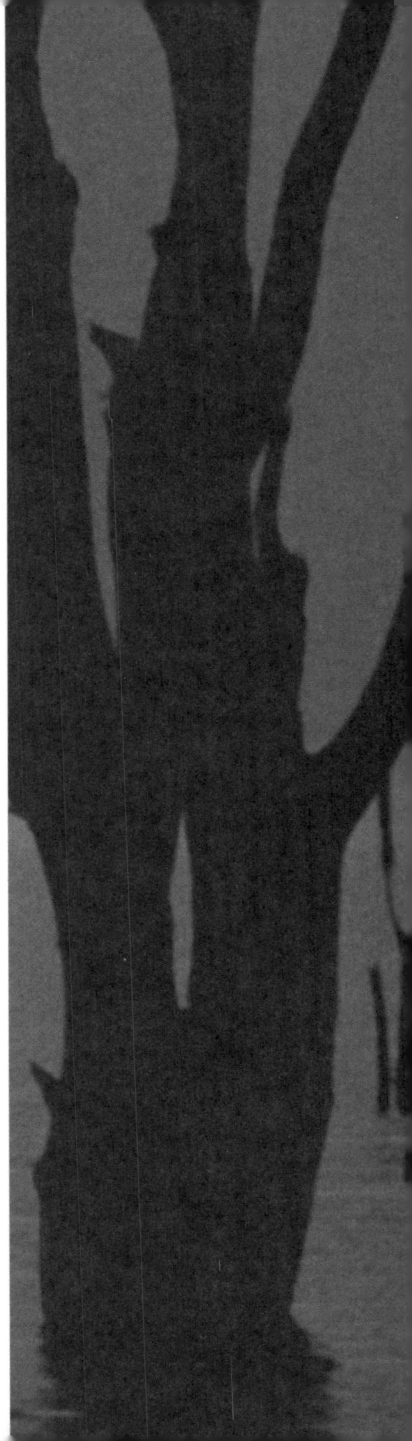

Schaue in dich

Gliche das Auge nicht der Sonne, könnte es sie nicht sehen. Trügen wir in uns nicht Gottes Macht, wie könnte das Göttliche uns dann erfreuen?

Johann Wolfgang von Goethe (1749–1832), Deutschland

Innere Stärke

13 *Durchbruch*

Es kam der Tag, an dem es schmerzlicher war, Knospe zu bleiben, als das Risiko einzugehen, aufzublühen.

Anaïs Nin (1903–1977), Frankreich

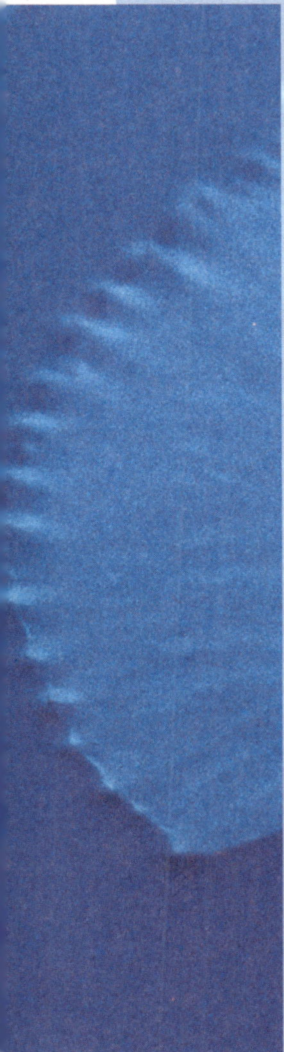

14 Schicksal

Wenn du deinen Kampf des Lebens nicht kämpfst,
weil du Angst hast, ist alle Entschiedenheit vergeblich.
Die Natur wird dich dazu zwingen.

Aus dem Bhagavad Gita *(1./2. Jh.), Indien*

15 Die Gabe der Stärke

Nichts geschieht, was uns nicht von der Natur bestimmt wurde.

Marc Aurel (121–180), Römischer Kaiser

16 Schwierigkeiten

Nicht weil es schwer ist, wagen wir es nicht, sondern weil wir es nicht wagen, ist es schwer.

Seneca (um 4 v. – 65 n. Chr.)

17 Gefährten der Schöpfung

Ich bin nicht einsamer als eine einzelne Königskerze oder Narzisse auf der Wiese, ein Bohnenkraut, eine Pferdebremse oder Hummel. Ich bin nicht einsamer als der Mühlbach, der Wetterhahn, ein Aprilregen, das Tauwetter im Januar oder die erste Spinne in einem neuen Haus.

Henry David Thoreau (1817–1862), USA

18 Engel

Wer, wenn ich schriee,
hörte mich denn aus der Engel
Ordnungen? und gesetzt selbst,
es nähme mich plötzlich einer
ans Herz:
ich verginge von seinem stärkeren
Dasein.

Denn das Schöne ist nichts als
des Schrecklichen Anfang,
den wir noch grade ertragen,
und wir bewundern es so,
weil es gelassen verschmäht, uns
zu zerstören.

Ein jeder Engel ist schrecklich.

Rainer Maria Rilke (1875-1927), aus „Duineser Elegien", Österreich

19 Singend reiten

Wenn du einen furchtsamen Gedanken hast, teile ihn nicht jemandem mit, der ängstlich ist. Flüstere ihn in deinen Sattel und reite singend weiter.

König Alfred von Wessex (um 849–901), England

20 Die selbstbewusste Seele

Das Gleichgewicht einer Pflanze, der gebeugte Baum, der sich vom Wind erholt, die lebendigen Kräfte von jeder Pflanze und jedem Tier sind auch ein Zeichen der unabhängigen und deshalb selbstbewussten Seele. Die Geschichte ist, von ihren Höhen bis in die trivialsten Täler, ein Bild dieser Macht.

Ralph Waldo Emerson (1803–1882), USA

21 Sanfte Stärke

Gute Türen haben keine Riegel
doch niemand kann sie aufbrechen.
Gute Knoten haben kein Seil
doch niemand kann sie lösen.

Lao Tse (um *604–531 v. Chr.), aus dem* Tao Te Ching, *China*

22 Sturm der Angst

Im Sturm betet der kluge Mann zu Gott, nicht um Errettung aus Gefahr, sondern um Erlösung von der Angst. Der Sturm in ihm selbst ist es, der ihn gefährdet, nicht der Sturm draußen.

Ralph Waldo Emerson (1803–1882), USA

23 Gute Winde

Der Wind von Gottes Gnade bläst unablässig. Faule Seeleute auf dem Meer nutzen ihn nicht. Aber die aktiven und starken setzen stets die Segel ihrer Seele, um die guten Winde zu nutzen und so das vorbestimmte Ziel schneller zu erreichen.

Mahatma Gandhi (1869–1948), Indien

24

Welt der Träume

Der Mensch nun aus der tiefen Welt
Der Träume tritt heraus,
Freut sich, dass alles noch so hält,
Dass noch das Spiel nicht aus.

Und nun geht's an ein Fleißigsein!
Umsumsend Berg und Tal
Agieret lustig groß und klein
Den Plunder allzumal.

Die Sonne steiget einsam auf,
Ernst über Lust und Weh
Lenkt sie den ungestörten Lauf
Zu stiller Glorie.

Und wie er dehnt die Flügel aus,
Und wie er sich auch stellt,
Der Mensch kann nimmermehr hinaus
Aus dieser Narrenwelt.

Joseph Freiherr von Eichendorff, (1788-1857),
„Morgenlied", Deutschland

Stille

25 *Was tun?*

Ach, was soll der Mensch verlangen?
Ist es besser, ruhig bleiben?
Klammernd fest sich anzuhangen?
Ist es besser, sich zu treiben?
Soll er sich ein Häuschen bauen?
Soll er unter Zelten leben?
Soll er auf die Felsen trauen?
Selbst die festen Felsen beben.

Eines schickt sich nicht für alle,
Sehe jeder, wie er's treibe,
Sehe jeder, wo er bleibe,
Und, wer steht, dass er nicht falle.

Johann Wolfgang von Goethe, (1749–1832), „Beherzigung", Deutschland

Einsiedelei im Kloster Broken-Hill

In diesem alten Gemäuer
Im klaren Licht des Morgens
Große Wälder vom frühen Licht bestrahlt.
Hier und da schlängelt sich ein Pfad
zu einer verborgenen Lichtung
Wo sich Blumen im Dickicht entfalten.

Das Licht auf jenem Hügel
beruhigt die Vögel;
Schatten auf dunklem Grün befreien
menschliche Seelen von Eitelkeit.
Jeder Laut auf Erden ist still.
Man hört nur die Glocke des Tempels.

Ch'ang Chien (1899–1983), China

27 Morgenglanz

Morgenglanz der Ewigkeit,
Licht vom unerschöpften Lichte,
schick uns diese Morgenzeit
deine Strahlen zu Gesichte
und vertreib durch deine Macht unsere Nacht.
Gib, dass deiner Liebe Glut
unsre kalten Werke töte,
und erweck uns Herz und Mut
bei entstandner Morgenröte,
dass wir, eh' wir gar vergehn, recht aufstehn.

Christian Knorr von Rosenroth (1636–1689), Deutschland

28 Göttliche Stille

Nichts in der gesamten Schöpfung ist Gott so nahe wie die Stille.

Meister Eckhart (1260–1327), Deutschland

29 Entdeckung

Dem ruhigen Geist ergibt sich
die ganze Welt.

Lao Tse (um 604–531 v. Chr.), aus dem
Tao Te Ching, *China*

30 Spiegelung

Oh, dem Herzen nahe
der Abglanz ferner Sterne im
Brunnen
ist doch noch
Licht.

Kathleen Raine (geb. 1908), aus „On a Deserted Shore", England

31 Ein ruhiger Geist

Bemühe dich um einen ruhigen Geist. Wenn die Augen ruhelos sind, können sie die Schönheit der Dinge nicht wahrnehmen. Sie schauen hierhin und dorthin, und übersehen so die Besonderheiten der Form und Farbe eines Objekts. Und wenn der Geist ruhelos und abgelenkt von tausend weltlichen Sorgen ist, kann er die Wahrheit nicht erfassen.

Basilius der Große (329–379), Türkei

32 Der große Baum

Lob und Tadel, Gewinn und Verlust, Freude und Trauer kommen und gehen wie der Wind. Um glücklich zu sein, ruhe wie ein großer Baum in der Mitte von allem.

Achaan Chaa (gest. 1992), Thailand

33 Rückkehr zur Quelle

Befreie dich von allem.
Gewähre Deinen Gedanken Frieden.
Zehntausend Dinge erheben sich und fallen,
das Ich sinnt über ihre Wiederkehr.
Jedes von ihnen wächst und gedeiht und kehrt
dann zur Quelle zurück.
Rückkehr zur Quelle ist Stille,
und dies ist die Art der Natur.

Lao Tse (um 604–531 v. Chr.), aus dem Tao Te Ching*, China*

34 Aufmerksamkeit

Leere in den Gedanken bedeutet nicht einen Hort der Dummheit, sondern bis aufs Höchste gespannte Intelligenz, die von keinem äußeren Gedanken abgelenkt wird.

Ramesh Balsekar (1919–1990), Indien

Innere Weisheit

35 ## Das Gleichgewicht des Seins

Du musst lernen, inmitten der Aktivität still und in der Ruhe lebendig zu sein.

Mahatma Gandhi (1869–1948), Indien

36 ## Sternenlicht

Alle Menschen haben Sterne ... aber sie bedeuten jedem etwas anderes. Reisenden weisen die Sterne den Weg. Für andere sind sie nur kleine Lichter am Himmel. Und für andere, Wissenschaftler, sind sie Probleme ... All diese Sterne schweigen.

Du – du allein – wirst die Sterne besitzen wie sonst kein anderer.

Antoine de Saint-Exupéry (1900–1944), Frankreich

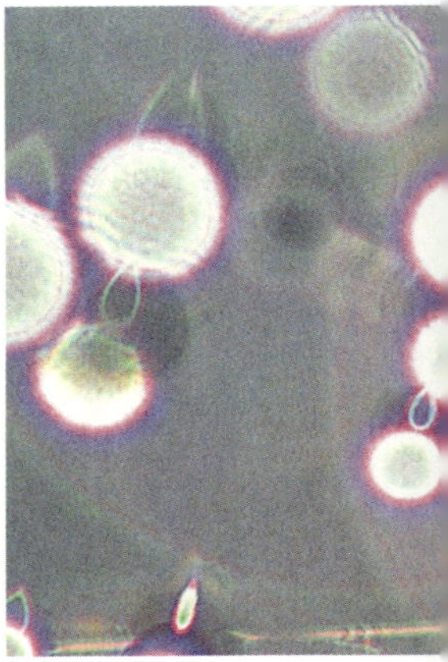

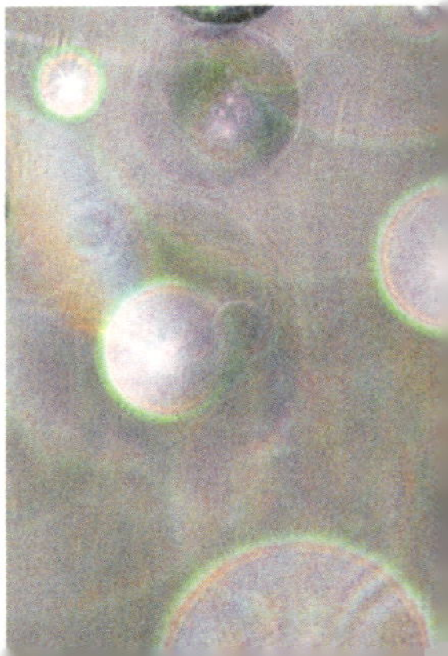

37 Was der Geist leistet

Wir müssen uns selbst durch unseren Geist gebären ... Wer den Geist erobert hat, für den ist der Geist der beste Freund. Wer hier versagt, für den wird der Geist der größte Feind bleiben.

Aus dem Bhagavad Gita *(1.–2. Jh.), Indien*

38 Frieden und Vernunft

Ziehe dich in dein Innerstes zurück. Das rationale Prinzip, das dort herrscht, ist zufrieden mit sich, wenn es gerecht handelt, und so bewahrt es seine Stille.

Marc Aurel (121–180), Römischer Kaiser

39 Prioritäten

Du suchst zuviel nach Information und zu wenig nach Verwandlung.

Shirdi Sai Baba (1856–1918), Indien

40 Wissen und Weisheit

Wissen kommt, aber Weisheit bleibt.

Alfred, Lord Tennyson (1809–1892), England

41 Die innere Stimme

Das Bewusstsein spricht manchmal mit der Stimme
der Gesellschaft,
manchmal mit der des Herzens.
In unserem Innersten kennen wir den Unterschied.

Jeanne Tardiveau (1920–1994), St. Lucia

Freier Wille

Worte der Weisheit habe ich dir gegeben,
geheimer als die geheimsten Rätsel. Denke
darüber nach in der Stille deiner Seele,
dann tue freien Herzens, was du tun willst.

Aus dem Bhagavad Gita *(1.–2. Jh.), Indien*

44 Geduld

Das Herz kocht
einen Topf Nahrung für dich.
Warte geduldig,
bis es fertig ist.

Jelaladdin Rumi (1207–1273), Persien

43 Das Gesetz des inneren Seins

Niemand außer uns selbst kann uns beherrschen. Wenn wir das verstehen, werden wir frei.

Buddha (um 563–483 v. Chr.), Indien

45 Quelle des Guten

Suche in dir. Dort liegt die Quelle des Guten.
Sie wird nie austrocknen, wenn du immer nach
ihr suchst.

Marc Aurel (121–180 v. Chr.), Römischer Kaiser

46 Spiegel des Herzens

Lass alle Sorgen hinter dir und reinige dein Herz
wie das Gesicht eines Spiegels, der kein Bild oder Muster zeigt.
Wenn dein Herz von allen Bildern befreit ist,
wird es sie alle in sich tragen.

Jelaladdin Rumi (1207–1273), Persien

Geben

47 Andere

Ich bin verliebt in alle Geschenke der Welt, besonders jene, die anderen bestimmt sind.

Santiago Bautista (1898–1937), Spanien

48 Der gute Dieb

Andere sind meine Hauptsorge.
Wenn ich etwas sehe, das mir gehört,
stehle ich es und gebe es anderen.

Shantideva (7. Jh.), Indien

49 Einfache Gaben

Wenn mir ein Mensch mit Hingabe nur ein Blatt schenkt oder eine Blume, eine Frucht oder ein wenig Wasser, weiß ich, es ist die Gabe einer suchenden Seele, denn mit reinem Herzen und voller Liebe wurde ich beschenkt.

Aus dem Bhagavad Gita *(1.–2. Jh.), Indien*

50 Gottes Zeuge

Du wirst keine Frömmigkeit erreichen, bevor du nicht das verschenkst, was du liebst. Und was immer du verschenkst – Gott weiß davon.

Aus dem Koran

51 Schenken in Armut

Man muss arm sein, um den Luxus des Schenkens zu verstehen.

George Eliot (1819–1880), England

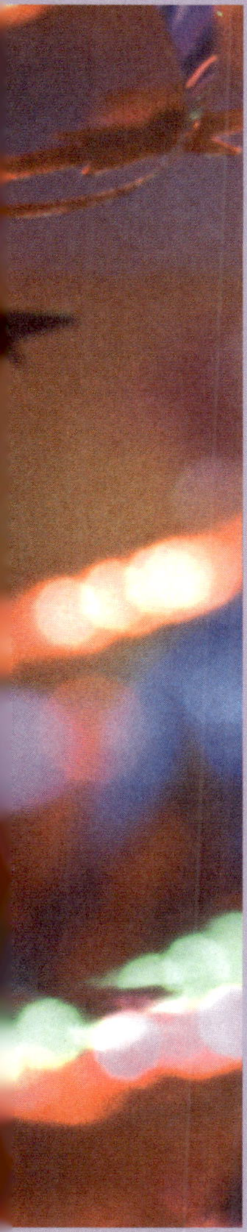

52 Den Weg weisen

Wohltätigkeit ist für jeden eine tägliche Verpflichtung. Wohltätigkeit hilft jedem, trägt die Last, spricht ein ermunterndes Wort. Jeder Schritt zum Gebet ist Wohltätigkeit. Anderen den Weg weisen ist Wohltätigkeit.

Mohammed (570–632)

53 Not und Freude

Für die Biene ist eine Blume ein Lebensquell. Und für die Blume ist die Biene ein Bote der Liebe. Für beide sind Geben und Empfangen gleichzeitig Notwendigkeit und Freude.

Kahlil Gibran (1883–1931), Libanon

54 Die Kraft des Schenkens

Aus der unendlich unveränderbaren Tiefe meines Geistes schmecke ich den unerschöpflichen Reichtum des Schenkens.

Eduardo Cuadra (1820–1903), Chile

Dankbarkeit

55 Atmen

Im Atemholen sind zweierlei Gnaden: die Luft einziehen,
sich ihrer entladen, jenes bedrängt, dieses erfrischt;
so wunderbar ist das Leben gemischt.
Du danke Gott, wenn er dich presst,
und dank ihm, wenn er dich wieder entlässt.

Johann Wolfgang von Goethe (1749–1832), Deutschland

56 Die Kompassnadel

Wie eine Nadel sich nach Norden dreht, wenn sie das Magnetfeld spürt, so angemessen ist es auch, dass ich, Herr, dein Diener, mich deiner Liebe zuwende und dich preise. Ich sehe, dass du wegen deiner übergroßen Liebe zu mir bereit bist, Schmerz und Leid zu ertragen.

Ramon Llull (um 1232–1316), Spanien

57 Die Süße der Liebe

Jesus, wie süß ist der Gedanke an dich! Die Süße deiner Liebe ist größer als die von Honig. Auf Erden gibt es nichts Süßeres als dich. Worte können die Freude deiner Liebe nicht beschreiben. Nur wer deine Liebe gekostet hat, kann sie verstehen. Ich danke dir, dass du dich uns schenkst.

Bernhard von Clairvaux (1091–1153), Frankreich

58 Schreiber Gottes

Von allen Kreaturen, die das Meer und die Erde bevölkern, hast du nur dem Menschen deinen Willen kundgetan. Nur ihm hast du die Feder in die Hand gegeben und ihn zum Schreiber deines Lobs gemacht.

George Herbert (1593–1633), aus „Providence", England

Wunder

59 Der Rosenbusch

Es haben meine wilden Rosen
erschauernd vor dem Hauch
der Nacht,
die windeleichten, lichten, losen
Blüten behutsam zugemacht.
Doch sind sie so voll Licht gesogen,
dass es wie Schleier sie umweht,
und dass die Nacht
in scheuem Bogen
am Rosenbusch vorübergeht.

Hermann Claudius (1878–1980),
Deutschland

60 Wunder überall

Wunder gibt es, um uns zu lehren, überall
das Wunderbare zu erkennen.

Augustinus (354–430), Nordafrika

61 ## Perlen

In allen gibt es den geheimen Einen, die Planeten und Galaxien gleiten durch seine Hände wie Perlen. Diese Perlenkette muss man mit staunenden Augen betrachten.

Kabir (14. Jh.), Indien

62 ## Wunder in uns

In uns tragen wir die Wunder,
die wir draußen suchen.

Sir Thomas Browne (1605–1682), England

63 Lebendig sein

Alles ist außerordentlich klar. Ich sehe die Landschaft vor mir, ich sehe meine Hände, meine Füße, meine Zehen, und ich rieche den Schlick des Flusses. Ich fühle eine seltsame Fremdheit und wundere mich, dass ich lebe. Wunder aller Wunder.

Buddha (um 563–483 v. Chr.), Indien

64 Sternenchor

Du spannst den Himmel wie eine Leinwand und ein Zelt. Durch deinen Willen gabst du der Erde Festigkeit, als es nichts gab, sie zu halten. Du schufst das Firmament ... Du hast den Sternenchor geschaffen, um deine Herrlichkeit zu preisen.

Eucharistisches Gebet (um 380), aus den Apostolischen Konstitutionen, *Syrien*

65 Gottes Größe

Was unterscheidet
Götter von Menschen?
Dass viele Wellen
Vor jenen wandeln,
Ein ewiger Strom:
Uns hebt die Welle,
Und wir versinken.

Ein kleiner Ring
Begrenzt unser Leben,
Und viele Geschlechter
Reihen sie dauernd
An ihres Daseins
Unendliche Kette.

Johann Wolfgang von Goethe (1749–1832), „Grenzen der Menschheit", Deutschland

66 Die Bewunderung des Philosophen

Zwei Dinge erfüllen das Gemüt mit immer neuer und wachsender Bewunderung und Ehrfurcht, je öfter und intensiver wir darüber nachdenken: Der bestirnte Himmel über uns, und das moralische Gesetz in uns.

Immanuel Kant (1724–1804), Deutschland

67 Öffne und schließe die Augen

Das Schönste, was wir entdecken können, ist das Geheimnisvolle ...
Wem dieses Gefühl fremd ist, wer nicht mehr innehalten und in Bewunderung versinken kann, der ist so gut wie tot, seine Augen sind verschlossen.

Albert Einstein (1879–1955), Deutschland

68 Der Ruf der Natur

Der Ruf des Mondes und des Waldes waren unwiderstehlich.
Die Stürme des Monsuns riefen nach mir ... Höre ich sie jetzt, halte ich inne ... und lausche mit Staunen und Leidenschaft.

Thich Nhat Hanh (geb. 1926), Vietnam

69 Verborgene Tiefen

Am Abend wird man klug
für den vergangnen Tag,
doch niemals klug genug
für den, der kommen mag.

Friedrich Rückert (1788–1866), Deutschland

Hier und Jetzt

70 Wiedergewonnenes Paradies

Rücksicht hilft uns, das verloren geglaubte Paradies wieder zu finden. ... Wenn wir im Hier und Jetzt ruhen, ist das, als säßen wir auf einer Lotusblüte.

Thich Nhat Hanh (geb. 1926), Vietnam

71 Der Wert der Welt

Willst du dich deines Wertes freuen,
so musst der Welt du Wert verleihen.

Johann Wolfgang von Goethe (1749–1832), Deutschland

72 Inspiration des Seins

Jeder Halm hat seinen Engel, der sich über ihn beugt und flüstert: „Wachse, wachse."

Aus dem Talmud *(6. Jh.)*

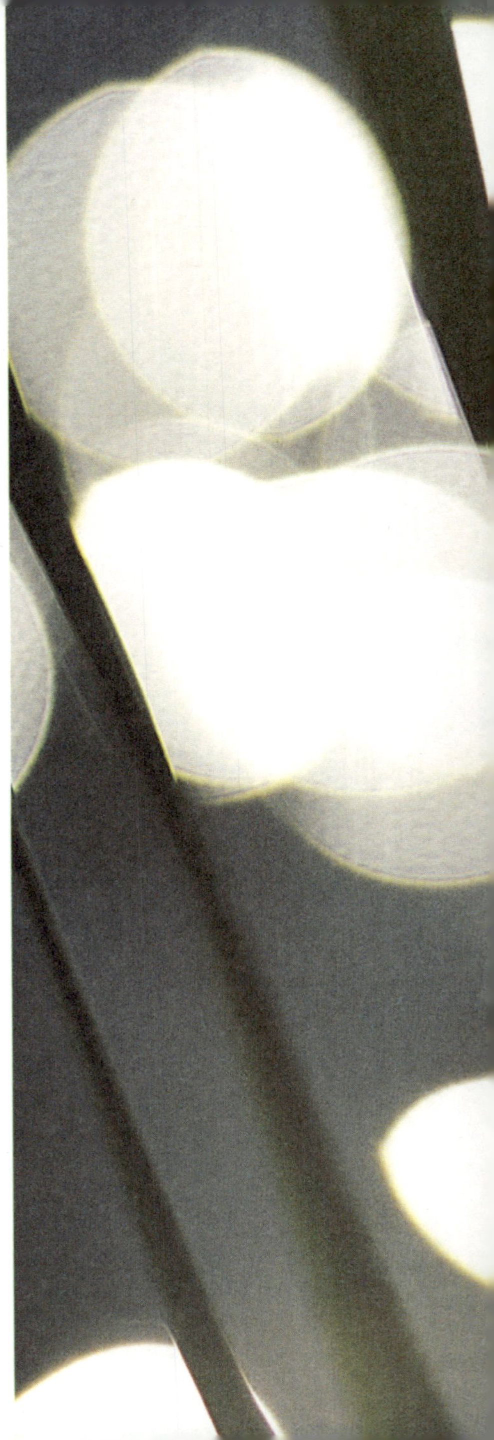

73 Der Augenblick

Jeder Augenblick ist voll unendlicher Schätze. Er enthält viel mehr, als du verstehen kannst. Glaube ist das Maß dieser Reichtümer. Was du im Augenblick findest, hängt ab von der Stärke deines Glaubens. Auch Liebe ist ein Maß. Je mehr das Herz liebt, desto mehr erfreut es sich an Gottes Gaben. Gottes Wille zeigt sich in jedem Augenblick wie ein unendliches Meer, das vom Begehren des Herzens nicht ausgetrocknet werden kann. Und doch wirst du von diesem Meer trinken, je nach dem Maß deiner Liebe und deines Glaubens.

Jean-Pierre de Caussade (1675–1751), Frankreich

74 Beginnen

Wie wunderbar ist es, dass man nicht warten muss, bevor man die Welt zu verbessern beginnt.

Anne Frank (1929–1945), Holland

75 Gestern und heute

Versuche, das richtige Gleichgewicht zu finden
zwischen dem Gestern, das erinnert, und
dem Morgen, das geschaffen werden soll.

Earl A. Grollman (20. Jh.), USA

76 Wir und die Zeit

Wir denken in Äonen, bewegen uns aber langsam durch die Zeit.

Oscar Wilde (1854–1900), England

77

Hoffen und Schlafen

Weine erst morgen die Tränen, die deine Augen und
deine Gedanken füllen.
Sie überfluten dich, rollen die Wangen herab, diese
Tränen, die deine Wangen herabrollen,
denn zwischen heute und morgen, werde ich, Gott,
vielleicht deinen Weg gekreuzt haben.
Menschliche Klugheit sagt: Wehe dem Mann, der auf
morgen verschiebt, was er heute zu tun hat.
Und ich sage: Gesegnet sei, wer auf morgen
verschiebt, was er heute zu tun hat.
Gesegnet sei, wer verschiebt –
Und das heißt, gesegnet ist der, der hofft.
Und schläft.

Charles Péguy (1873–1914), Frankreich

78 Sein, wo man ist

Während du gehst, isst und unterwegs bist, sei, wo du bist.
Sonst wirst du den größten Teil deines Lebens verpassen.

Buddha (um 563–483 v. Chr.), Indien

79 Die wahre Dimension

Lass uns nicht im Zorn zurück und mit Angst nach vorn schauen, sondern bewusst alles um uns herum wahrnehmen.

James Thurber (1894–1961), USA

80 *Gebet aus der Tiefe des Gefühls*

Ich war allein mit der Sonne und der Erde. Ich legte mich ins Gras und sprach in meinem Geist mit der Erde, der Sonne, der Luft und dem weitentfernten Meer.

Ich dachte an die Festigkeit der Erde. Ich fühlte, wie sie mich trug, durch das Grasbett spürte ich sie, als spräche die große Erde zu mir.

Ich dachte an die wandernde Luft, ihre Reinheit, die ihre Schönheit ist. Die Luft berührte mich und schenkte mir etwas von sich.

Ich sprach zum Meer. Auch wenn es weit weg war, so sah ich es doch in Gedanken, grün an den Rändern der Erde und blau in der Tiefe.

Ich wandte mich wieder dem blauen Himmel zu, schaute in seine Tiefe, atmete seine herrliche Farbe und Süße ein. Das tiefe Blau der unerreichbaren Himmelsblume zog meine Seele zu sich, und dort ruhte sie aus, denn reine Farbe ist Ruhe des Herzens.

Ich betete.

Ich kehrte zurück und betete, für den süßen Thymian, dessen kleine Blüten ich berührte. Für das Gras, für die trockenen Erdkrumen, die ich durch meine Finger rinnen ließ. Ich berührte die Erdkrumen, die Grashalme, den Thymian und atmete die erdige Luft ein, dachte an das Meer und den Himmel und versuchte, die Sonnenstrahlen zu erhaschen – bäuchlings auf der Grasnarbe liegend als Zeichen meiner tiefen Ehrerbietung. So betete ich.

Richard Jefferies (1848–1887), England

81 Der Kiesel

Wenn ich nun einen bestimmten Stein genauer untersuchen sollte, ich würde einen Kiesel wählen. Denn er ist perfekt geformt, und ich kann ihn in meinen Händen hin- und herwenden.

Der Kiesel ist Stein in genau dem Alter, dem Persönlichkeit und Individualität – in anderen Worten Sprache – entspringen.

Verglichen mit dem Flussbett, aus dem er stammt, ist er ein in viele ähnliche Individuen aufgespaltener und polierter Stein.

Während er dort liegt, ohne eine größere Bedeutung zu haben, sollten wir das Beste aus seinen Gaben machen.

Francis Ponge (1899–1988), Frankreich

82 Sonne und Schmetterlinge

Ich stand in einem Raum, der jeden einzelnen Augenblick
enthielt – ein Schmetterlingsmuseum.

Die Sonne schien heiß wie zuvor.
Ihre ungeduldigen Strahlen malten die Welt.

Tomas Tranströmer (geb. 1931), aus „Geheimnisse am Wege", Schweden

83 ## Das schmale Tor

Jede Sekunde gleicht einem
schmalen Tor, durch das
Erleuchtung eintreten kann.

Moderne Inspiration aus Peking

84 ## Zuflucht

Ich suche Zuflucht beim Herrn des
Tagesanbruchs.

Aus dem Koran

85 Die Klarheit des Jetzt

Du bist in diesem Moment. So wie ein Schwert in einem Augenblick alles um sich weg schlägt, um frei zu sein. Das Schwert ist sanft, wenn man seine scharfe Klinge berührt. Wer behutsam damit umgeht, dem wird nichts geschehen. Aber er wer achtlos damit umgeht, der wird verletzt.

Qushayri (986–1072), aus dem Risalah, *Persien*

86 *Initiationslied*

Ich habe eine Spur hinterlassen, eine heilige Spur.
Ich habe eine Spur hinterlassen, in der die Halme sich aufrichten.
Ich habe eine Spur hinterlassen, in der die Halme scheinen.
Ich habe eine Spur hinterlassen, in der sich die Halme
im Wind wiegen.
Ich habe eine Spur hinterlassen, über der ich die Halme beuge,
um die Samen zu pflücken.
Ich habe eine Spur hinterlassen, über der graue Blüten liegen.
Ich habe eine Spur hinterlassen, aus meinem Haus
steigt Rauch empor.
Ich habe eine Spur hinterlassen, ich lebe im Licht des Tages.

*Anonym (*um *1900), USA*

Aufmerksamkeit

87 *Vorbei*

Das ist der alte Baum nicht mehr,
Der damals hier gestanden,
Auf dem ich gesessen im Blütenmeer
Über den sonnigen Landen.

Da ist der Wald nicht mehr, der sacht
Vom Berge rauschte nieder,
Wenn ich vom Liebchen ritt bei Nacht,
Das Herz voll neuer Lieder.

Es ist der Baum noch, Tal und Wald,
Die Welt ist jung geblieben,
Du aber wurdest seitdem alt,
Vorbei ist das schöne Lieben.

Joseph Freiherr von Eichendorff (1788–1857), „Vorbei“, Deutschland

88 Schauen

Denken ist interessanter als Wissen,
aber weniger interessant als Schauen.

Johann Wolfgang von Goethe (1749–1832), Deutschland

89 Jenseits des Verstands

Unsere Augen glauben, was sie sehen, unsere Ohren glauben anderen Menschen, unsere Eingebung glaubt an die Wahrheit des Geistes.

Moderne Inspiration aus Deutschland

Natur

90 *Liebesbriefe*

Jeden Tag beschäftigen die Priester sich mit dem Dharma
und singen unablässig schwierige *sutra*s.
Aber bevor sie das tun, sollten sie lernen,
wie man die Liebesbriefe liest, die der Wind schickt
und der Regen und der Schnee und der Mond.

Ikkyu (1394–1481), Japan

91 *Mond und Sonne*

Unser Becher ist der Vollmond, unser Wein die Sonne.

Umar ibn al-Farid (1181–1235), Ägypten

Bewunderung

Tue der träumenden Welt kein Leid an,
der Welt des Grün, der Welt der Blätter,
lass die unzähligen Blüten sich entfalten,
die Bewunderung der Bäume ...

Kathleen Raine (geb. 1905), aus „Vegetation", England

Akzeptanz

93 Himmlische Gaben

Der überlegene Mensch ist ruhig und gelassen,
er wartet geduldig auf das, was der Himmel
ihm bestimmt hat.
Andere gehen einen gefährlichen Weg und
suchen dauernd nach der guten Gelegenheit.

Konfuzius (551–479 v. Chr.), China

94 Das ausgebreitete All

Du bist ein Kind des Alls, genauso wie der Mond
und die Sterne. Du hast ein Recht, hier zu sein.
Egal, ob du dir dessen bewusst bist oder nicht,
das All breitet sich so aus, wie es soll.

Max Ehrmann (1872–1945), USA

95 *Liebe und Urteil*

Abba Xanthias sagte: Ein Hund ist mir überlegen. Denn auch er kennt Liebe, aber er urteilt nicht.

Aus den Weissagungen der Wüstenväter (5. Jh.), Ägypten

96 *Der gebildete Wunsch*

Lerne dir zu wünschen, es möge alles so kommen, wie es kommt.

Epiktet (um *55–135), Griechenland*

97 ## Wie das Wetter

Der sanfte Regen, der meine Bohnen gießt und mich zwingt , im Haus zu bleiben, macht mich nicht traurig und melancholisch, er ist auch für mich gut. Auch wenn er mich vom Jäten abhält, ist er doch viel mehr wert als mein Jäten. Wenn es solange regnet, bis die Samen in der Erde und die Kartoffeln hier unten verfaulen, so wäre es doch gut für das Gras weiter oben. Und was gut für das Gras ist, ist auch gut für mich.

Henry David Thoreau (1817–1862), USA

98 ## Rat zur Vollkommenheit

Suche nicht Vollkommenheit in einer Welt, die sich verändert. Vervollkommne stattdessen deine Liebe.

Meister Sengstan (1911–1978), China

99 Wind und Ähren

Ähre, ich wünsche mir, dich niederzuwalzen.
Du neigst dich voller Anmut und Zufriedenheit.

Anmut ist ein Kornfeld,
entsprungen den Samen des Annehmens.

Anna Korolev (geb. 1960), Ukraine

100 Halte fest, lasse los

Man reibt seine Gedanken auf während des Lernens und hat doch mehr Gedanken, als zum Lernen nötig wären. Man verschenkt sein Herz liebend und hat doch mehr Herz zum Verschenken. Man geht zugrunde aus Mitleid für die leidende Welt und wird auf diese Weise stärker. Es ist also möglich, gleichzeitig am Leben fest zu halten und loszulassen.

Milton Steinberg (1903–1950), USA

Einfachheit

101 Das Ich und das Selbst

Wie zwei goldene Vögel, die auf einem Ast kauern, sind das Ich und das Selbst Gefährten. Einer isst die süßen und sauren Früchte des Baums, und der andere schaut zu, ohne zu essen. Solange du dich mit dem Ich identifizierst, wirst du mit Freude und Schmerz verbunden bleiben. Wenn du aber begreifst, dass du das Selbst bist, der Herr des Lebens, dann wirst du frei sein von allem Leid. Du wirst die Dualität überwinden und in einen Zustand des Einsseins gelangen.

Aus dem Bhagavad Gita *(6. Jh. v. Chr.), Indien*

102 Ein Topf

Ein Topf ist nützlich, weil er leer ist.

*Lao Tse (*um *604–531 v. Chr.), aus dem* Tao Te Ching, *China*

103 Wie eine Schildkröte

Zieht man alle Wünsche zurück wie eine Schildkröte ihre Glieder, sieht man die natürliche Schönheit der Welt.

Aus dem Mahabharata *(um 400 v. – 200 n. Chr.), Indien*

104 Genug

Ich glaube, ich werde vielleicht
ein wenig sicherer sein,
dass ich etwas näher bin.
Das ist alles.
Ewigkeit liegt im Verstehen.
Das ist mehr als genug.

R. S. Thomas (1913–2000), Wales

105 *Drei Fragen*

Am Ende zählen nur diese Dinge: Wie sehr hast du geliebt?

Wie tief hast du geliebt?

Wie sehr hast du gelernt, loszulassen?

Buddha (um 563–483 v. Chr.), Indien

106 Ewigkeit

Wer sich an die Freude bindet,

zerstört das dahinfliegende Leben.

Wer aber die fliegende Freude küsst,

wird im ewigen Sonnenaufgang sein.

William Blake (1757–1822), England

Glück

107 Wo Freude zuhause ist

Der Heilige Geist weilt nicht dort, wo Müßiggang, Traurigkeit, zotige Rede, Frivolität oder leere Rede wohnen. Er verweilt nur da, wo Freude herrscht.

Aus den Midrash-Psalmen *(2. Jh.)*

108 Lied einer Mutter

Im Haus ist es still, so still,
draußen heult der Schneesturm,
die Hunde rollen sich zusammen.
Mein kleiner Sohn schläft
auf dem Rücken
mit offenem Mund.
Sein Bauch hebt und senkt sich,
wenn er atmet.
Ist es seltsam, wenn ich vor Freude
weine?

Anonym (19. Jh.), Inuit

109 Quelle der Zufriedenheit

Auch im Unglück gibt es Schönheit. Wenn man danach Ausschau hält, entdeckt man immer mehr Glück und findet sein Gleichgewicht. Wenn man glücklich ist, macht man auch andere glücklich. Wer mutig ist, wird nie verzweifelt sterben.

Anne Frank (1929–1945), Holland

110 Die Tür

Die Tür zum Glück öffnet sich nicht weg von uns, wir können sie nicht einfach aufdrücken. Sie öffnet sich zu uns hin. So wird nichts von uns erwartet.

Søren Kierkegaard (1813–1855), Dänemark

111 Du und dein Schatten

Sprich oder handle mit reinen Gedanken,

und das Glück wird dir folgen wie dein Schatten,

unaufhörlich.

Buddha (um 563–483 v. Chr.), Indien

112 *Wahre Zufriedenheit*

Glück findet man auf den gewöhnlichen Wegen
des Lebens. Zufriedenheit ist ein Kraut,
das sehr nahe am Boden wächst.

Melville Harcourt (geb. 1909), USA

Wahrheit

113 *Wahrheit und Liebe*

Diejenigen, die die Wahrheit kennen, gleichen nicht jenen, die die Wahrheit lieben.

Konfuzius (551–479 v. Chr.), China

114 *Blick auf die Wahrheit*

Wer die Wahrheit mehr liebt als das Leben, wendet sich ab von den flüchtigen Dingen in der Zeit und all ihren Anhängern. Um es mit Plato zu sagen: Gott selbst wird ihr Gesicht in die richtige Richtung drehen.

Simone Weil (1909–1943), Frankreich

115 Das Ich umarmt von der Wahrheit

Wenn du am tiefsten Grund
im Meer der Wahrheit schwimmst,
dann musst du dich selbst
zu Null reduzieren.

Mahatma Gandhi (1869–1948), Indien

116 Der Platz der Vernunft

Herr, hilf mir, dass ich meinen Verstand niemals gegen die Wahrheit einsetze.

Jüdisches Gebet

117 *Jeder von uns*

Für jeden Einzelnen existiert Wahrheit nur,

wo er sie durch seine Handlungen schafft.

Søren Kierkegaard (1813–1855), Dänemark

118 Die Wahrheit leben

Nicht jeder kann die Wahrheit sehen,

aber jeder kann die Wahrheit sein.

Franz Kafka (1883–1924), Österreich

Ohne Worte

119 Gesetz des Mondlichts

Schließe die Tür der Sprache
und öffne das Fenster der Liebe.

Der Mond wird nicht die Tür benutzen,
nur das Fenster.

Jelaladdin Rumi (1207–1273), Persien

120 Bevor du sprichst …

Bevor du sprichst, frage dich:
ist es freundlich, ist es notwendig,
ist es wahr, ist es besser als Schweigen?

Shirdi Sai Baba (1856–1918), Indien

121 *Der Duft der Rose*

Rose, du thronende, denen im Altertume
warst du ein Kelch mit einfachem Rand.
Uns aber bist du die volle zahllose Blume,
der unerschöpfliche Gegenstand.

In deinem Reichtum scheinst du wie Kleidung um Kleidung
um einen Leib aus nichts als Glanz,
aber dein einzelnes Blatt ist zugleich die Vermeidung
und die Verleugnung jedes Gewands.

Seit Jahrhunderten ruft uns dein Duft
seine süßesten Namen herüber;
plötzlich liegt er wie Ruhm in der Luft.

Dennoch, wir wissen ihn nicht zu nennen, wir raten ...
Und Erinnerung geht zu ihm über,
die wir von rufbaren Stunden erbaten.

Rainer Maria Rilke (1875–1927), aus „Sonette an Orpheus",
Österreich

122 Aufwachen

Das Wort schläft tief und fest unter
der Decke des Adjektivs.
Soll ich es aufwecken?

Labshankar Thacker (geb. 1935), Indien

123 Erde

Wie wunderbar,

an einen so langen Fluss

zu denken,

ganz ohne Worte.

Haiku von Jay Ramsay (20. Jh.), England

Bescheidenheit

124 Der Sonne entgegen

Herr Jesus, ich bin kein Adler.
Alles, was ich habe, sind seine Augen
und sein Herz. Auch wenn ich klein bin,
wage ich es, die Sonne der Liebe zu betrachten,
und sehne mich danach, zu ihr zu fliegen.

Thérèse von Lisieux (1873–1397), Frankreich

125 Rat eines alten Mannes

Ein Novize fragte einen alten Mann. „Was ist Bescheidenheit?" Und der alte Mann antwortete: „Tue denen Gutes, die dich verletzen." Der Novize sagte: „Und wenn man das nicht wagt, was soll man dann tun?" Der alte Mann erwiderte: „Dann verlasse sie und schweige."

Aus den Weissagungen der Wüstenväter (5. Jh.), Ägypten

126 *Wohnung der Seele*

Mein Herr und Meister, ich bin nicht würdig, dass du eingehst unter mein Dach. Weil du aber in deiner Liebe für alle in mir wohnen willst, komme ich mutig zu dir. Du befiehlst, öffne die Tore, die allein du gemacht hast. Und du trittst ein und erleuchtest meine dunklen Gedanken. Ich glaube, dass du so handeln wirst, denn du hast die Hure nicht fortgeschickt, die mit ihren Tränen zu dir kam, du hast den reuigen Steuerschätzer nicht hinausgeworfen und auch den Dieb nicht zurückgewiesen, der dein Königreich erkannte. Alle diese machtest du zu deinen Freunden. Du bist gesegnet.

Johannes Chrysostomus (um 347–407), Türkei

127 *Selbsteinschätzung*

Der Weise kennt sich, zeigt sich aber nicht.
Er liebt sich, aber er schätzt sich nicht.

Lao Tse (um 604–531 v. Chr.), aus dem Tao Te Ching, *China*

128 Kontraste

Wie die Dunkelheit bringt auch Bescheidenheit das himmlische Licht zum Vorschein.

Henry David Thoreau (1817–1862), USA

129 *Ein Pilger werden*

Willst du ein Pilger auf der Straße der Liebe sein? Die erste Bedingung ist, dass du bescheiden wirst wie Staub und Asche .

Ansari von Herat (1066–1089)

Glaube

130 Nächtlicher Spaziergang

Willst du dir der Straße, auf der du schreitest, sicher sein,
dann schließe die Augen und gehe im Dunkeln.

Johannes vom Kreuz (1542–1591), Spanien

131 Flatternde Schönheit

Oh,
zufrieden schließe ich die Augen vor all dem Grinsen
und Lachen,
vor all dem Gegröhle und Gejohle.
Ich schaue in mich hinein,
ein einzelner weißer Schmetterling
flattert ins Morgen.

Kuroda Saburo (20. Jh.), aus
„Ich bin ganz anders", Japan

132 *Immunität*

Glaube ist besser als alles andere, und am besten ist es, wenn er entzückt ist – nicht berührt von den Zweifeln anderer.

Robert Frost (1874–1963), USA

133 *Nie gesehene Wunder*

Bewahre deinen Glauben an die schönen Dinge, in der Sonne, wo sie verborgen sind, im Frühling, wenn sie verschwinden.

Roy R. Gibson (20. Jh.), USA

134 El hombre

Es ist ein seltsamer Mut,
du gibst mir einen uralten Stern:

Leuchtend allein im Sonnenlicht,
dem du nichts hinzufügst!

William Carlos Williams (1883–1963), USA

135 Fenster

Wem Anbetung ein Fenster ist, das man öffnen und schließen kann, der kennt nicht das Haus seiner Seele: dessen Fenster den ganzen Tag weit geöffnet sind.

Kahlil Gibran (1883–1931), Libanon

136 Tag und Nacht

Nähme ich Flügel der Morgenröte und bliebe am äußersten Meer, so würde auch dort deine Hand mich führen und deine Rechte mich halten.
Spräche ich: Finsternis möge mich decken und Nacht statt Licht um mich sein, so wäre auch Finsternis nicht finster bei dir,
und die Nacht leuchtete wie der Tag. Finsternis ist wie das Licht.

Psalm *139:9–12*

137 ## Der durstige Fisch

Ich lache, wenn ich höre, dass die Fische im Wasser durstig sind.
Ich lache, wenn ich höre, dass Menschen sich auf die Pilgerschaft zu Gott begeben.

Kabir (15. Jh.), Indien

138 *Gottes Kinder*

Meine Lieben, wir sind schon Gottes Kinder, es ist aber noch nicht offenbar geworden, was wir sein werden. Wir wissen aber: Wenn es offenbar wird, werden wir ihm gleich sein, denn wir werden ihn sehen, wie er ist.

1 Johannes *3:2*

139 Das große Jenseits

Glaube beginnt dort, wo die Vorstellungskraft endet.

Søren Kierkegaard (1813–1855), Dänemark

140 Quelle der Blätter

Erlöse uns von der langen Dürre der Gedanken.
Lass Blätter vom Kreuz auf uns fallen.
Wasche uns rein.
Verwandle unseren Herbst in Gold
durch den Überfluss ihrer Quelle.

R.S. Thomas (1913–2000), Wales

141 Das Göttliche überall

Gott umgibt mich, Gott umfängt mich,
Gott in meinen Worten, Gott in meinen Gedanken,
Gott in meinem Wachen, Gott in meinem Ruhen,
Gott in meinem Hoffen, Gott in meinem Tun,
Gott in meinem Herzen, Gott in meiner Seele,
Gott in meiner Schwäche, Gott in meiner Stärke,
Gott in meinem Leben, Gott in meiner Ewigkeit,
Gott in meinem Leben, Gott in meiner Ewigkeit.

W. Mary Calvert (20. Jh.), USA

142 Leuchtender Glaube

Meine Seele ist nicht feige,
sie zittert nicht in den Stürmen der Welt.
Ich sehe den Himmel leuchten,
und auch den Glauben, der mich wappnet vor Gefahr.

Emily Brontë (1818–1848), aus „No Coward Soul is Mine", England

143 Quelle des Lebens

Deine Gerechtigkeit steht wie die Berge Gottes und dein
Recht wie die große Tiefe ...
Wie köstlich ist deine Güte, dass Menschenkinder unter dem
Schatten deiner Flügel Zuflucht haben.
Sie werden satt von den reichen Gütern deines Hauses,
und du tränkst sie mit Wonne wie mit einem Strom.
Denn bei dir ist der Quell des Lebens, und in deinem Licht
sehen wir das Licht.

Psalm *36:7–9*

Verstoße niemals jemanden aus deinem Herzen.

Maharaj-ji (um 1890–1973), Indien

Der innere Kreis der Liebe

• Mitgefühl • Selbstlosigkeit • Mitleid

• Freundschaft • Familie • Schicksal • Liebe jeden Tag

• Heiliger Bund • Mystische Liebe • Abschied • Neues Leben

Mitgefühl

145 *Die Seele eines anderen*

Was haben wir von einem anderen Menschen gesehen,
wenn die Fenster seiner Seele verschlossen sind?
Soviel wie den Umschlag eines Buches.

Sten Stensen Blicher (1782–1848), Dänemark

146 *Die geheime Geschichte*

Könnten wir die geheime Geschichte unserer Feinde lesen, wir würden im Leben jedes Menschen soviel Trauer und Leid finden, um alle Feindseligkeit zu beenden.

Henry Wadsworth Longfellow (1807–1882), USA

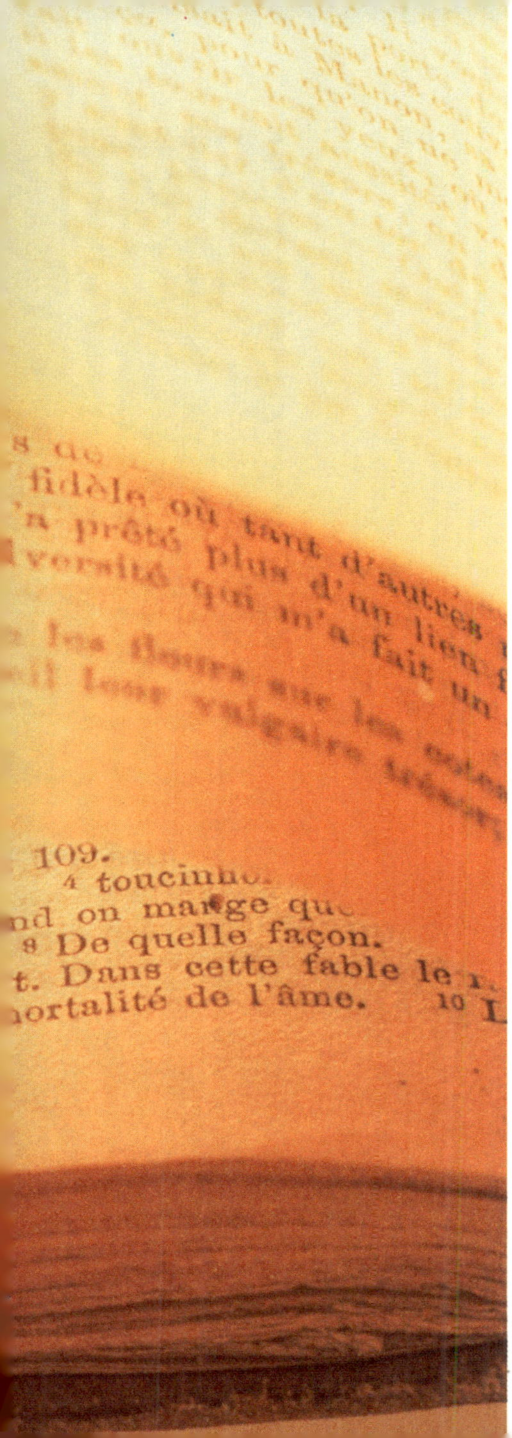

147 ## Vergleiche

Nutze all deine Fähigkeiten, um Gottes Liebe zu erkennen. Nutze deine ganze Seele, um andere Seelen zu verstehen. Nutze deinen Körper, um die physischen Erfahrungen anderer zu verstehen. Nutze deine Gefühle wie Angst und Rache, um den Krieg zu verstehen. Erkenne die Liebe und scheide sie vom Bösen. Freue dich in jedem Moment des Lebens, indem du dir der dauernden Nähe des Todes bewusst bist.

Hildegard von Bingen (1098–1179), Deutschland

148 ## Heilende Wunden

Unsere Herzen sind krank, wenn wir nicht von Gottes Liebe verwundet werden ... Sie werden verwundet, um geheilt zu werden, wenn Gott abgestumpfte Gemüter mit seiner Liebe trifft und durch das Feuer seiner Güte empfindsam macht.

Papst Gregor der Große (um 540–604), Rom

Selbstlosigkeit

149 Das Glück anderer

Alles Glück entspringt dem Wunsch,
andere glücklich zu sehen.
Alles Leid entspringt dem Wunsch,
selbst glücklich zu sein.

Shantideva (7. Jh.), Indien

150 Brüder sein

Keiner von euch ist wirklich gläubig, der nicht seinem Bruder das wünscht, was er auch für sich selbst wünscht.

Aus dem Hadith *(7. Jh.),der mündlichen islamischen Überlieferung, die dem Propheten Mohammed zugeschrieben wird*

151 **Wahres Schenken**

Das einzige Geschenk ist ein Stück von dir selbst.

Ralph Waldo Emerson (1803–1882), USA

152 **Die Geschichte der Schuhe**

Eines Tages gingen die Schuhe von Rabbi Tarfans Mutter entzwei, und sie konnte sie nicht mehr flicken. So musste sie barfuß über den Hof gehen. Rabbi Tarfan streckte seine Hände unter ihren Füßen aus, so dass sie den ganzen Weg über seine Hände gehen konnte.

Aus dem Talmud *(6. Jh.)*

153 Transzendenz

Selbstlos zu sein, bedeutet, alles zu durchdringen.

Alles zu durchdringen, bedeutet, jenseits des Irdischen zu sein.

*Lao Tse (*um *604–531 v. Chr.), aus dem* Tao Te Ching, *China*

154 Das Ich an seinem Ort

Ich werde aufhören, als Ich zu existieren, und will alle Lebewesen als mein Ich annehmen.

Shantideva (7. Jh.), Indien

Mitleid

155 ## Ein Versprechen

Die, deren Gedanken
voll Freundlichkeit sind,
werden niemals eine dunkle Welt
voller Tränen betreten.

*Tiruvalluvar (*um *1. Jh. v. Chr.), Indien*

156 ## Erkenntnis

Die Menschen sind, trotz allen ihren Mängeln, das Liebenswürdigste,
was es gibt; fürwahr, es wechseln Pein und Lust.
Genieße, wenn du kannst, und leide, wenn du musst,
vergiss den Schmerz, erfrische das Vergnügen.
Zu einer Freundin, einem Freund gelenkt,
mitteilend lerne, wie der andere denkt.
Gelingt es dir, den Starrsinn zu besiegen,
das Gute wird im Ganzen überwiegen.

Johann Wolfgang von Goethe (1749–1832), Deutschland

157 Die Musik des Seins

Wir können groß sein, doch voll liebender Freundlichkeit, voll Mitgefühl, und doch heiter. Wie die Saiten eines guten Instruments – nicht zu straff, und nicht zu locker gespannt.

Buddha (um *563–483 v. Chr.*), *Indien*

158 *Eine Pflicht*

Die erste Liebespflicht ist das Zuhören.

Paul Tillich (1886–1965), USA

159 *Warnung*

Höre zu, oder deine Zunge wird dich taub machen.

Sprichwort der nordamerikanischen Indianer

160 Starke Gefühle

Wahres Mitgefühl ergießt sich schnell, als ob wir selbst verwundet worden wären. Aber es schwächt uns nicht.

Moderne Inspiration aus Tokio

161 Band der Liebe

Ihr werdet das Paradies nicht betreten, bevor ihr glaubt, und ihr könnt nicht glauben, bevor ihr einander nicht liebt. Habt Mitgefühl mit allen, die ihr seht, und Er, den ihr nicht sehen könnt, wird Mitgefühl mit euch haben.

Aus dem Hadith *(7. Jh.), der mündlichen islamischen Überlieferung, die dem Propheten Mohammed zugesprochen*

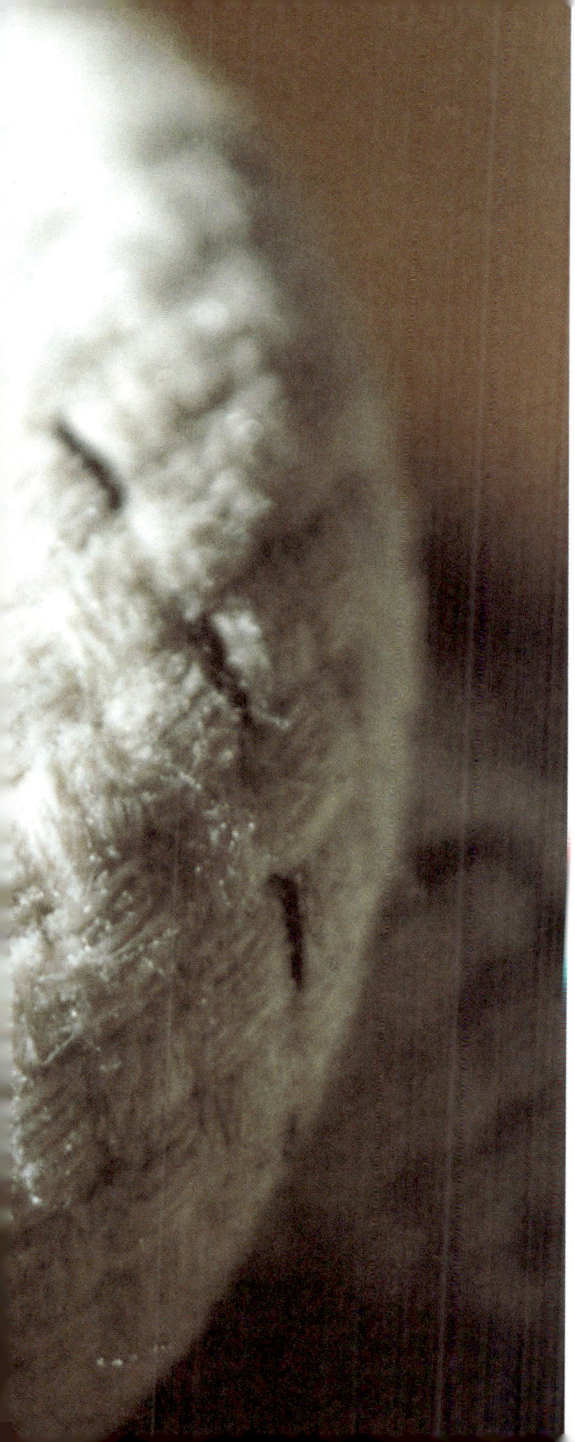

162 Ein edler Mensch

Ein überlegener Mensch vergilt Böses nicht mit Bösem. Weder Bösen, Guten noch Verbrechern, die den Tod verdienen, fügt er Böses zu. Ein edler Mensch ist immer voll Mitgefühl, auch für die, die sich am Leid anderer erfreuen oder grausame Taten begehen. Denn wer ist ohne Fehler?

Aus dem Ramayana *(um 300 v. Chr.), Indien*

163 Eltern

Art eines Vaters ist es, mitleidig zu sein, Art der Mutter, zu trösten. Der Heilige sagt: „Ich will handeln wie ein Vater und eine Mutter."

Pesikta de-Rav Kahana *19:3 (2. Jh.), Indien*

164 Dimensionen

„Und siehe, es ging eine Mauer außen um das Gotteshaus ringsum. Und der Mann hatte die Messrute in der Hand, die war sechs Ellen lang – jede Elle war ein Handbreit länger als eine gewöhnliche Elle. Und er maß das Mauerwerk: es war eine Rute dick und auch eine Rute hoch." Ezechiel 40:5

Die Breite betrifft Wohltätigkeit für unsere Mitmenschen, die Höhe das Verständnis des Schöpfers. Die Höhe und Breite eines Hauses werden mit einer Elle gemessen, denn jeder Mensch ist so groß, wie er von Gott weiß, und so breit, wie er seine Liebe verströmt. Das Haus vergrößert sich durch die Liebe, es wächst durch Wissen, und es steht so hoch über sich, wie es nach außen den Mitmenschen Liebe entgegenbringt.

Papst Gregor der Große (um 540–604), Rom

165 ## *Das Krankenzimmer*

Mit Liebe wende ich mich deiner Krankheit zu.
Wenn nur ein Atom meines Herzens den feigen Impuls zum Weglaufen verspürt, dann wisse, ich bin weniger ganz als du.
Mit Liebe wende ich mich und meine liebenden Berührungen dir zu, um deine Schmerzen zu lindern und dir für deinen Mut zu danken. Lass meine Nähe mein Gebet für deine Genesung sein.

Maria Glauber (geb. 1953), Deutschland

166 ## *Bestimmung, nicht Werkzeuge*

Handle stets so, dass du Menschlichkeit – ob in dir selbst oder in der Person eines anderen Menschen – nie einfach nur als Werkzeug siehst, sondern gleichzeitig immer auch als Bestimmung.

Immanuel Kant (1724–1804), Deutschland

Freundschaft

167 Morgen des Herzens

Lass Lachen in der Süße der Freundschaft sein, und geteilte Freude. Denn es ist der Tau der kleinen Dinge, in denen das Herz seinen Morgen findet und sich erfrischt.

Kahlil Gibran (1883–1931), Libanon

168 Gold

Woran erkennst du deine wirklichen Freunde?
Schmerz ist ihnen so teuer wie das Leben.
Ein Freund ist wie Gold. Sorgen sind wie Feuer.
Reines Gold leuchtet im Feuer.

Jelaladdin Rumi (1207–1273), Persien

169 Soviel Liebe …

Denk an das Aug', das überwacht,
noch eine Freude dir bereitet,
denk an die Hand, die manche Nacht,
dein Schmerzenslager dir gebreitet.

Des Herzens denk, das einzig wund
und einzig selig deinetwegen;
und dann knie nieder auf den Grund
und fleh um deiner Mutter Segen.

Annette von Droste-Hülshoff (1797–1848),
Deutschland

170 Reife

Ein neuer Freund gleicht neuem Wein;
wenn er reift, wirst du dich an ihm erfreuen.

Ben Sira (2. Jh. v. Chr.), Israel

171 Spiegel und Fenster

Freund, sei mein Spiegel,
sag mir, was ich falsch mache. Wenn du zu freundlich bist,
lass mich meine Fehler im Spiegel deiner Tugenden sehen.

Freund, sei mein Fenster,
überzeuge mich, dass ich in einem kleinen Kreis von
Gewohnheiten lebe. Ich sehne mich danach, an der
unendlichen Grenze deiner Offenheit bei dir zu sein.

Lourdes Mallo (geb. 1930), Gran Canaria

172 Bereicherung

Suche dir stets kluge Freunde, vielleicht sogar strenge. Diese Gesellschaft wird deinen Geist bereichern.

Otto Rix (1820–1903), Wien

173 Tiefe der Freundschaft

Das Spiegelbild, das ein guter Freund wirft,
braucht man, bis man mit Hilfe eines
Spiegels ein Träger des Wassers wird.
Wisse, dass diese Spiegelung zuerst nur Imitation
ist, wenn sie aber immer wieder erscheint,
wandelt sie sich in Erkenntnis der Wahrheit.
Bevor sie Erkenntnis wird, weiche nicht von der
Seite der Freunde, die dich führen.
Entfliehe nicht der Muschel, bevor der
Regentropfen nicht zur Perle geworden ist.

Jelaladdin Rumi (1207–1273), Persien

174 Stiller Gefährte

Wenn zwei einander in tiefer Freundschaft zugetan sind, müssen sie keine Neuigkeiten austauschen.

Sa'ib of Tabriz (um 1601–1677), Persien

175 Bedeutsame Stunden

Ich glaube, wir leben in geistiger Hinsicht von dem, was andere uns in der wichtigsten Stunde unseres Lebens gegeben haben. Solche Stunden kündigen ihr Kommen nicht an, sie kommen immer unerwartet.

Albert Schweitzer (1875–1965), Frankreich

176 Kein Vogel

Freundschaft ist Liebe ohne Flügel.

Lord Byron (1788–1824), England

177 Regel der drei

Es gibt drei Arten von Freundschaft, die förderlich sind: Freundschaft mit den Tugendhaften, Freundschaft mit den Ehrlichen und Freundschaft mit den Aufmerksamen.

Konfuzius (551–479 v. Chr.), China

Familie

178 Zivilisation

Ich muss Politik und Krieg studieren, damit meine Söhne frei wählen können, ob sie Mathematik, Philosophie, Geographie, Naturwissenschaft, Seefahrt, Schiffsbau, Ökonomie oder Landwirtschaft studieren wollen. Und so können ihre Kinder wiederum Malerei, Dichtung, Musik, Architektur, Bildhauerei und Porzellanmalkunst erlernen.

John Quincy Adams (1767–1848), USA

179 Frage und Antwort

Was ist das Beste, das ich für euch, meine Kinder, tun kann?
Liebt euch selbst und liebt eure Mutter.

Joann Hertzberger (1899–1960), Holland

180 *Kinder laufen fort*

Kinder laufen fort.
Lang her kann's noch nicht sein,
kamen sie zur Tür herein,
saßen zwistiglich vereint
alle um den Tisch.
Kinder laufen fort.
Und es ist schon lange her.
Schlechtes Zeugnis kommt nicht mehr,
Stunden Ärgers, Stunden schwer:
Scharlach, Diphterie!

Kinder laufen fort.
Etwas nehmen sie doch mit.
Wir sind ärmer, sie sind quitt.
Und die Uhr geht Schritt für Schritt,
um den leeren Tisch.

Franz Werfel (1890–1945), „Elternlied", Österreich

181 ## Für meine Kinder

Auf dieser Türschwelle stehe ich
Jahr um Jahr
und sehe euch weggehen.

Und denke: Schlagt euch nicht die
Knie auf. Quetscht euch die Finger
nicht in Autotüren. Mögen eure Herzen
nie schwer werden.

Mögen Gezeiten und Wetter
auf euch warten.

Möget ihr groß und stark werden
und all meine Netze durchbrechen.

Evangeline Paterson (gest. 2000), England

182 ## Eine andere Art

Begrenze dein Kind nicht, auf deine Art zu lieben, denn es wurde in einer anderen Zeit geboren.

Nach einem Rabbinischen Spruch

183 ## Die Welt, die Zeit

Weißt du, was in dieser Welt
mir am meisten wohlgefällt?
Dass die Zeit sich selbst verzehret
und die Welt nicht ewig währet.

Friedrich Freiherr von Logau
(1604–1655), Deutschland

184 Jung bleiben

Jugend verschwindet nie, denn sie ist immer
in Harmonie mit dem Göttlichen.

Alexandre Dumas (1824–1895), Frankreich

185 Banner der Liebe

Unser Sohn und unsere Tochter schätzen das zerschlissene
Banner unserer Liebe. Dieses Banner überlebte ihre
Revolution.
Fadenscheinig ist es nun, und doch unsagbar kostbar.
Wie Kohlen glüht es mit familiärer Wärme, wenn ihr Atem
nah genug kommt.
Wir wissen, dass die Fäden und Farben eines Tages
gewaschen werden
im erneuerten Frühling eines Enkels, der um Freiheit schreit.

Esther Cohen (geb. 1971), USA

186 Deine Kinder …

Deine Kinder sind nicht deine Kinder.
Sie sind Söhne und Töchter der Sehnsucht des Lebens nach sich selbst.
Sie kommen durch dich, aber nicht von dir.
Und auch, wenn sie bei dir sind, gehören sie dir nicht.
Du kannst ihnen deine Liebe schenken, nicht deine Gedanken,
denn sie haben ihre eigenen Gedanken.

Du kannst ihre Körper beherbergen, nicht ihre Seelen,
denn ihre Seelen wohnen im Morgen, das du nicht aufsuchen kannst, nicht einmal in deinen Träumen.
Du kannst wünschen, sie wären wie du, aber versuche nicht, sie dazu zu machen.
Denn das Leben geht nicht rückwärts und verweilt nicht im Gestern.

Kahlil Gibran (1883–1935), Libanon

Schicksal

187 *Dein Schatten*

Steige auf in den Himmel oder gehe zu den Enden der Welt, wirf dich ins tiefe Meer oder bleibe, wo du bist: die Folgen aller Taten, die Glück und Unglück für den Menschen nach sich ziehen, hast du in deinen früheren Leben angesammelt. Sie werden dir folgen wie dein Schatten.

Sahityadarpana *3:21 (*um *14. Jh.), Indien*

188 *Verpflichtung*

Wir haben kein Recht auf Glück, ohne glücklich zu machen, und kein Recht auf Wohlstand, ohne andere reich zu machen.

George Bernard Shaw (1856–1950), Irland

189 ## Was man erhält

Wer Ehre erweist, empfängt Ehre. Wer Zucker bringt, isst Mandelkuchen.

Jelaladdin Rumi (1207–1273), Persien

190 ## Zwei Räder

Der Erfolg des Handelns beruht auf dem Schicksal und unserem Tun. Schicksal ist die Frucht allen Tuns aus früheren Leben. Wie ein Wagen nicht auf einem Rad fahren kann, so kann das Schicksal ohne unsere Anstrengungen nichts erreichen.

Yajnavalkyasmriti *1:349–53, Indien*

191 ## Nahrung

Der Lohn für eine gute Tat, die wir in dieser Welt tun, erwartet uns in der nächsten. Wässert man die Wurzeln eines Baums, so wachsen Früchte an seinen Ästen.

Subhashitarnava *271, Indien*

192 ## Licht und Dunkel

Auf zweierlei Weise kann man diese Welt verlassen – im Licht oder in Dunkelheit. Wer sie im Licht verlässt, kommt nicht zurück, aber wer sie in Dunkelheit verlässt, kehrt wieder.

Aus dem Bhagavad Gita *(1.–2. Jh.), Indien*

193 ## Lebensretter

Wer auch nur ein Leben rettet, der rettet die ganze Welt.

Aus dem Talmud *(6. Jh.)*

194 ## Das Schwert

Da sprach Jesus zu ihm: Stecke dein Schwert an seinen Ort! Denn wer das Schwert nimmt, der soll durch das Schwert umkommen.

Matthäus *26:52*

Liebe jeden Tag

195 Bauernregel

Im Sommer such ein Liebchen dir
in Garten und Gefilden!
Da sind die Tage lang genug,
da sind die Nächte mild.

Ludwig Uhland (1787–1862), „Bauernregel", Deutschland

Wind und Arbeit

Mein schönes starkes Pferd
kann einen schweren Pflug ziehen
und ermüdet niemals.

Aber es kann auch
durch ein wildes Land galoppieren.

Ich arbeite hart an der Liebe,
der Wind wühlt in meinem Haar.

José Morazán (geb. 1952), Honduras

197 *Tag und Nacht*

Zusammensein: tagsüber in gesegnetem Harnisch zusammen beten, und nachts in mystischem Frieden miteinander ausruhen.

Juliana Pereira (1895–1976), Lissabon

198 *Schutz der Einsamkeit*

Das ist die schwerste Aufgabe für das Band zwischen zwei Menschen: die Einsamkeit des anderen beschützen.

Rainer Maria Rilke (1875–1926), Österreich

199 ## Harmonie

Halte Abstand von mir, bleibe du selbst. Der perfekte Liebesakkord entsteht durch Harmonie, aber nicht durch einstimmige, sondern durch feinste Unterschiede.

Edward Dowden (1843–1913), aus „Love's Chord", Irland

200 ## Das Spiegelbild

Liebe beginnt, wenn wir dem geliebten Menschen gestatten, ganz er selbst zu sein, und ihn nicht dazu zwingen, unserem Bild vom ihm zu entsprechen. Denn sonst liebten wir ja nur unser Spiegelbild im anderen.

Thomas Merton (1915–1968), USA

201 ## Seite an Seite

Das Leben hat mich gelehrt, dass Liebe nicht darin besteht, einander anzuschauen, sondern darin, zusammen in dieselbe Richtung zu blicken.

Antoine de Saint-Exupéry (1900–1944), Frankreich

202 ## Loslassen

In der Liebe müssen wir nur eins wirklich üben: einander loslassen. Festhalten fällt uns leicht, das müssen wir nicht lernen.

Rainer Maria Rilke (1875–1926), Österreich

203 ## Enthüllung

Alles enthüllt sein Geheimnis, wenn du nur genug liebst.

George Washington Carver (1864–1943), USA

204 ## Mit neuen Augen sehen

Ich bin die seidene Seite in deinen Fingerspitzen, die mich berühren, die Frucht, die du drehst und blühend erfasst, das Verschwimmen einer Linse, vor der du kurz den Saum hebst, darüber reibst, sie anhauchst. Ich bin der Weg, auf dem du die Welt neu siehst.

Mimi Khalvati (geb. 1944), aus „Tenderness", England

205 *Er ist gekommen*

Er ist gekommen
in Sturm und Regen,
ihm schlug beklommen
mein Herz entgegen.
Wie konnt' ich ahnen,
dass seine Bahnen
sich einen sollten mit meinen Wegen?

Er ist gekommen
in Sturm und Regen,
er hat genommen
mein Herz verwegen.
Nahm er das meine?
Nahm ich das seine?
Die beiden kamen sich entgegen.

Er ist gekommen
in Sturm und Regen,
nun ist entglommen
des Frühlings Segen.
Der Freund zieht weiter,
ich seh' es heiter,
denn er bleibt mein auf allen Wegen.

Friedrich Rückert (1788–1866), Deutschland

206 ## Widerstand

Lass uns das Land hier unten lieben. Es ist wirklich, denn es setzt unserer Liebe Widerstände entgegen.

Simone Weil (1909–1943), Frankreich

207 ## Liebend arbeiten

Wie arbeitet man liebend?
Man webt Gewänder aus den Fäden
des Herzens, als ob der Geliebte
dieses Kleid tragen solle.
Man baut ein Haus mit Zuneigung,
als ob der Geliebte darin wohnen solle.
Man sät Samen mit Zärtlichkeit und bringt
die Ernte mit Freude ein, als ob der Geliebte
die Früchte essen solle.

Kahlil Gibran (1833–1931), Libanon

208 # Herausforderung

Einen anderen Menschen lieben, das ist die schwierigste Aufgabe, die an uns gestellt wird, die letzte Prüfung und der Beweis, die Arbeit, für die alles andere nur Vorbereitung ist.

Rainer Maria Rilke (1875–1926), Österreich

209 # Mondnacht

Von deinem zu meinem Herzen führt
ein Weg, und mein Herz kennt ihn,
denn es ist rein und klar wie Wasser.
Wenn das Wasser ruhig ist wie ein Spiegel,
kann es den Mond festhalten.

Jelaladdin Rumi (1207–1273), Persien

Heiliger Bund

210 Verloren ist kein Wort

Die handeln und die dichten –
das ist der Lebenslauf,
der eine macht Geschichten,
der andre schreibt sie auf,
und der will beide richten,
so schreibt und treibt sich's fort,
der Herr wird alles schlichten,
verloren ist kein Wort.

Joseph Freiherr von Eichendorff (1788–1857), Deutschland

211 Segen für den Geliebten

Du bist der Stern jeder Nacht.
Du bist die Helligkeit jedes Morgens.
Du bist die Geschichte jeden Gasts,
Du bist die Überlieferung jeden Landes.

Nichts Böses soll dir widerfahren. Auf Hügeln
und an Böschungen, auf dem Feld und in den
Tälern, in den Bergen oder Schluchten.

Nicht oben, nicht unten, nicht auf dem Meer,
nicht am Strand, nicht am Himmel dort oben.
Nicht in den Tiefen.

Du bist das Zentrum meines Herzens
Du bist das Antlitz meiner Sonne,
Du bist die Harfe meiner Musik,
Du bist die Krone meiner Gesellschaft.

Moderner Segensspruch aus Irland

212 Orchideen

Ich grub nach wilden Orchideen
in den herbstlichen Feldern,
die tief ruhende Wurzel ist es,
die ich ersehne,
nicht die Blume.

Izumi Shikibu (um *974–1034), Japan*

213 Hochzeit

Dies ist der keusche Kuss unserer Vereinigung:
für einen wunderbaren Moment
ist die ganze Natur unser Gast und Chor.
Wir haben das Ohr und Auge des Himmels.
Der Eine lächelt in unseren Herzen.

Kein Moment in unserem Leben könnte heiliger sein.
Wir freuen uns, dass man uns würdig erachtet,
    Schauspieler zu sein in dem friedlichen Drama
    glücklicher Menschen.
In uns ist des Himmels Hoffnung und Mut.
Der Eine lächelt in unseren Herzen.

Manon Williams (1920–2001), Wales

214 Liebeslied

Wie soll ich meine Seele halten,
dass sie nicht an deine rührt?
Wie soll ich sie
hinheben über dich zu andern Dingen?

Doch alles, was uns anrührt, dich und mich,
nimmt uns zusammen wie ein Bogenstrich,
der aus zwei Saiten eine Stimme zieht.
Auf welches Instrument sind wir gespannt?
Und welcher Spieler hat uns in der Hand?
O süßes Lied.

Rainer Maria Rilke (1875–1926), aus „Liebeslied", Österreich

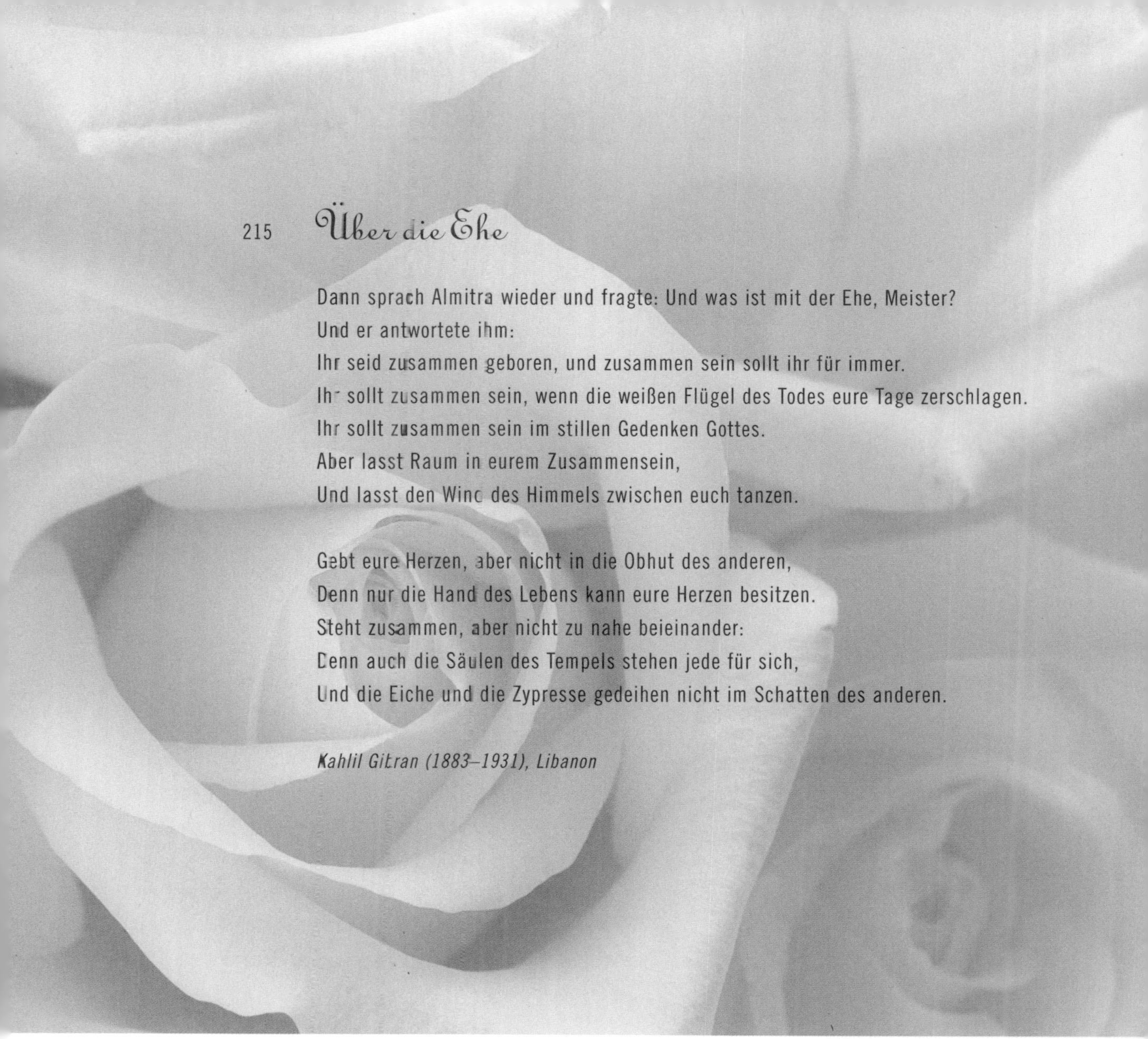

215 Über die Ehe

Dann sprach Almitra wieder und fragte: Und was ist mit der Ehe, Meister?
Und er antwortete ihm:
Ihr seid zusammen geboren, und zusammen sein sollt ihr für immer.
Ihr sollt zusammen sein, wenn die weißen Flügel des Todes eure Tage zerschlagen.
Ihr sollt zusammen sein im stillen Gedenken Gottes.
Aber lasst Raum in eurem Zusammensein,
Und lasst den Wind des Himmels zwischen euch tanzen.

Gebt eure Herzen, aber nicht in die Obhut des anderen,
Denn nur die Hand des Lebens kann eure Herzen besitzen.
Steht zusammen, aber nicht zu nahe beieinander:
Denn auch die Säulen des Tempels stehen jede für sich,
Und die Eiche und die Zypresse gedeihen nicht im Schatten des anderen.

Kahlil Gibran (1883–1931), Libanon

Mystische Liebe

216 Ewiges Feuer

Wahre Liebe ist ein ewig loderndes Feuer,
es brennt für immer im Herzen.
Niemals krank, niemals alt, niemals tot,
Nie wendet es sich von sich ab.

Walter Raleigh (um *1552–1618) aus „As Ye Came from the Holy Land of Walsinghame", England*

217 König Salomons Hochzeit

Der König Salomon lässt sich eine Sänfte machen aus Holz vom Libanon.

Ihre Säulen machte er aus Silber, ihre Lehnen aus Gold, ihren Sitz mit Purpur bezogen, ihr Inneres mit Ebenholz eingelegt.

Ihr Töchter Jerusalems, kommt heraus und schaut, ihr Töchter Zions, den König Salomon mit der Krone, mit der ihn seine Mutter gekrönt hat am Tage seiner Hochzeit, am Tage der Freude seines Herzens.

Hohelied *3:9–11*

218 Das Leuchten

Meine Seele beriet mich gut und lehrte mich, zu lieben.
Liebe glich dem feinen Faden zwischen zwei Spindeln.
Jetzt aber ist sie verwandelt worden in ein Leuchten:
Das erste ist das letzte, und das letzte ist das erste.
Sie umgibt alles, was lebt, und wächst langsam,
um alles zu umarmen, das jemals sein wird.

Jelaladdin Rumi (1207–1273), Persien

219 Dir weihe ich mich

Dir weihe ich meine Gedanken,
dass ich an dich denke,
meine Worte, dass ich von dir spreche,
meine Taten, dass ich sie nach dir einrichte,
meine Leiden, dass ich sie dir zuliebe ertrage.
Ich will, was du willst,
weil du es willst,
so, wie du es willst,
so viel du willst.

Papst Clemens XI. (1649–1721), Rom

220 *Schönheit der Liebe*

Müsste ich Liebe in hunderttausend Sprachen versprechen, die Schönheit der Liebe überträfe all mein Stammeln bei Weitem.

Jelaladdin Rumi (1207–1273), Persien

221 Verwandlung

Liebe verwandelt Stiche in ein Paradies voll Honig.
Liebe setzt den Sklaven auf den goldenen Thron.

Moderne Inspiration aus der Türkei

222 Gebet

Gib Liebe mir und einen frohen Mund,
dass ich dich, Herr der Erde, tue kund;
Gesundheit gib bei sorgenfreiem Gut,
ein frommes Herz und einen festen Mut;
gib Kinder mir, die aller Mühe wert;
verscheuch die Feinde von dem trauten Herd;
gib Flügel dann und einen Hügel Sand;
den Hügel Sand im lieben Vaterland;
die Flügel schenk dem abschiedsschweren
    Geist;
Dass er sich leicht der schönen Welt entreißt.

Ludwig Achim von Arnim (1781–1831),
Deutschland

223 *Seine Musik*

Ich liebe und will, dass die Welt es sieht.
Ich habe die vielen Namen Gottes
in alle Bäume geritzt,
inmitten des heiligen Hains meines Herzens,
aus dem seine Musik ertönt.

Ich liebe und will, dass die Welt es hört.
Ich zweifle nicht, dass seine Musik
Tiger und Löwe, Schlange und Ameise verzaubern wird,
Fallensteller und Wilderer, Räuber und Steuereintreiber
entwaffnen wird.

Aus einem Volkslied, Senegal

224 *Gottes Astrolabium*

Das Leid Liebender gleicht keinem anderen;
Liebe ist das Astrolabium göttlicher Geheimnisse.
Irdische und himmlische Liebe – beide deuten auf Gott.

Jelaladdin Rumi (1207–1273), Persien

225 ## Vereinigung

Sofern die Liebe eine Vereinigung ist, kennt sie keine extremen Distanzen.

Juana Ines de la Cruz (1651–1695), Mexiko

226 ## Jenseits des Denkens

Geh zur Wahrheit jenseits des Denkens. Liebe ist die Brücke.

Stephen Levine (20. Jh.), USA

227 Friedenskuss

Liebe überströmt alles:
von den Tiefen der mächtigen
Ozeane bis hin zum entferntesten
Stern,
grenzenlos liebt sie alles,
da sie dem höchsten König
den Friedenskuss gab.

Hildegard von Bingen (1098–1179), Deutschland

Abschied

228 Landschaften

Wenn ich die entfernten dunklen Hügel beobachte, die Bäume, die sich unter dem schwarzen Gewicht deiner Abwesenheit neigen, denke ich an dich ... Du bist immer bei mir, beobachtest, wie die Wolken über die brausende See fliegen und die Inseln ihre Zeit abwarten wie Wale. Lass uns zusammen lächeln, sicher, dass unsere Liebe Entfernungen überwindet, zufrieden sogar in der bleichen Landschaft unserer Trennung.

Paolo Marinetti (1799–1853), Italien

229 Süße Vorräte

Jetzt müssen wir, wie es auch die Pflanzen tun,
unseren Honig und Himmel
in Vorratsdosen aufbewahren;
nur unsere Liebe kann solche Nahrung aufbewahren.

Anne Ridler (1912–2001), aus „At Parting", England

230 Mit meinem Segen

Du verlässt mich. Gehe in Frieden. Und lass deine Wünsche allein das Licht sein, das deinen Weg erhellt. Finde Stille, wo immer du bist.

Chaim Nachman Bialik (1873–1934), aus „You're Leaving Me", Israel

Neues leben

231 *Alltägliches Wunder*

Wenn die Menschen ihre Herzen ehrlich öffnen und darüber nachdenken, wie die Welt beschaffen ist und regiert wird, dann staunen sie, überwältigt vom Sinn für das Wunderbare. Wenn die Menschen mit offenem Herzen über das Wachsen eines einzelnen Samen nachdenken, sind sie genauso überwältigt – und doch werden täglich unzählige Kinder geboren, und keiner staunt.
Wenn die Menschen ihre Herzen ehrlich öffnen, dann würden sie verstehen, dass die Geburt eines Kindes, in dem neues Leben geschaffen wurde, ein größeres Wunder ist, als das Leben zurückzubringen.

Augustinus (354–430), Nordafrika

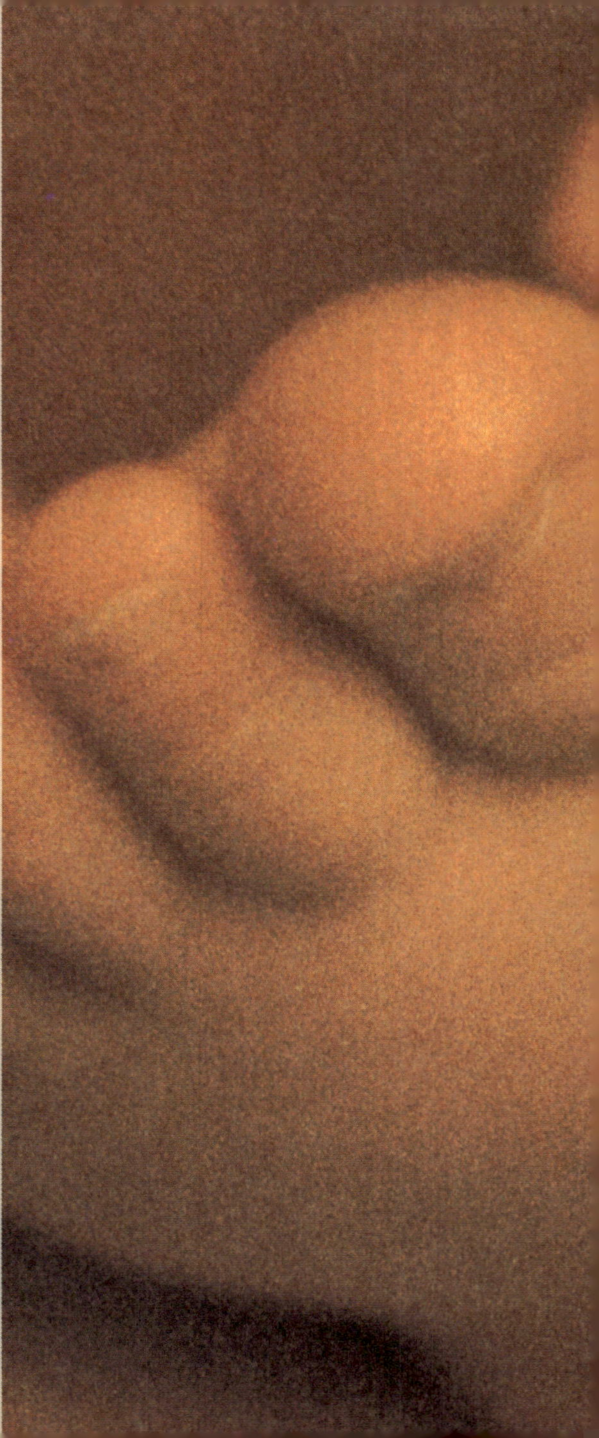

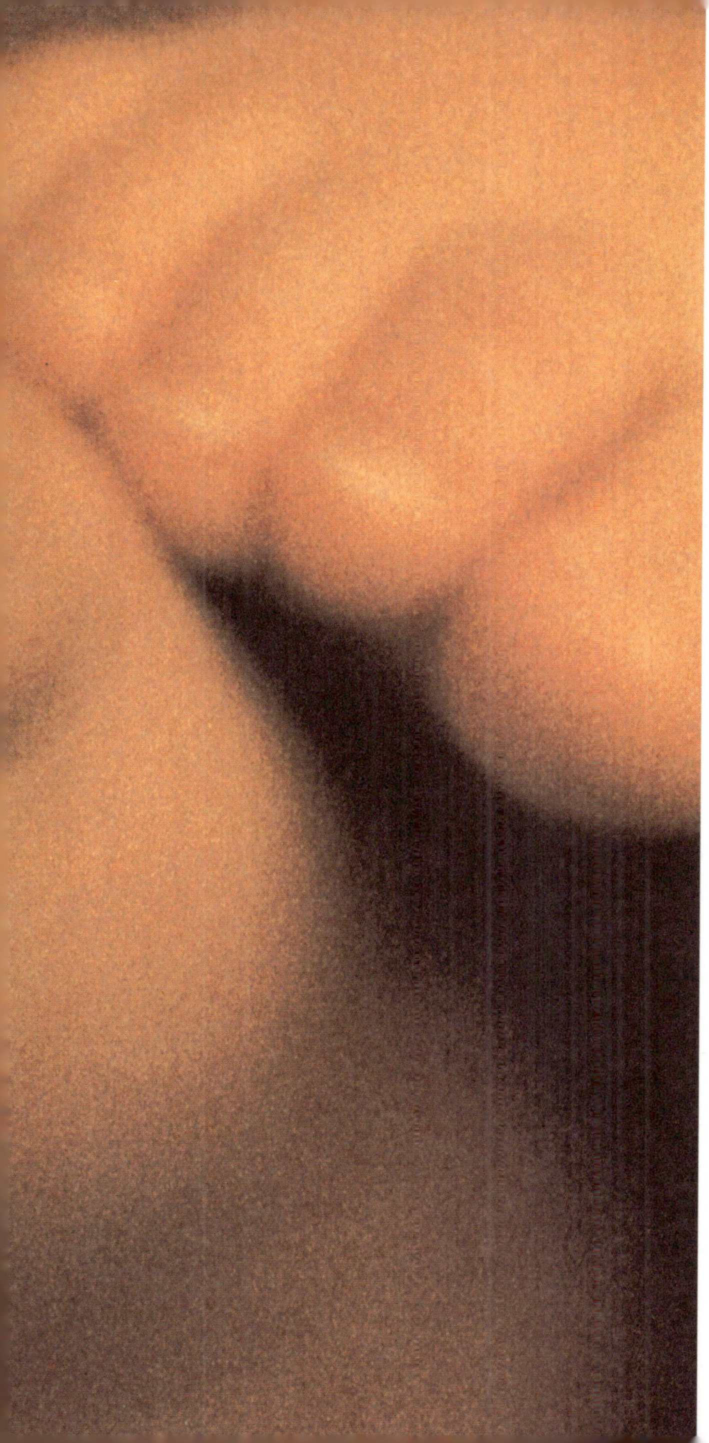

Wunderbare Dinge

Die Welt ruht still im Hafen,
Mein Liebchen, gute Nacht!
Wenn Wald und Berge schlafen,
Treue Liebe einsam wacht.

Ich bin so wach und lustig,
Die Seele ist so licht,
Und eh ich liebt, da wusst' ich
Von solcher Freude nicht.

Ich fühl mich so befreiet
Von eitlem Trieb und Streit,
Nichts mehr das Herz zerstreuet
In seiner Fröhlichkeit.

Mir ist, als müsst ich singen
So recht aus tiefster Lust,
Von wunderbaren Dingen,
was niemand sonst bewusst.

O könnt ich alles sagen!
O wär ich recht geschickt!
So muss ich still ertragen,
Was mich so hoch beglückt.

Joseph Freiherr von Eichendorff
(1788–1857), Deutschland

233 Gruß an die Welt

Vor langer Zeit wurde ich aus dem Schoß
meiner Mutter geboren.
Ein weiser Gott tat diese wunderbare
Tat, schuf die Welt, damit ich sie
schmücke.
In dieses schöne, leuchtende, weite und
göttliche Paradies kommt sein Sohn
und Erbe.

Ein Fremder hier,
Fremdes trifft sich, fremde Glorie
erscheint.
Fremde Schätze aus fernen Ländern
erscheinen,
Fremd alle, und mir neu.
Aber dass sie mein sein sollen,
der nichts war,
Das ist das Fremdeste überhaupt,
das ich verstehen muss.

Thomas Traherne (1637–1674), aus „The Salutation", England

234 Wolken des Ruhms

Unsere Geburt ist nichts als ein Schlaf
und ein Vergessen:
Die Seele erhebt sich, der Stern
unseres Lebens,
der von sehr weit herkommt:
nicht in völligem Vergessen,
und nicht in völliger Nacktheit.
Auf Wolken des Ruhms kommen wir von Gott,
der unsere Heimat ist:
Der Himmel liegt über uns in unserer Kindheit.

William Wordsworth (1770–1850), aus „Ode: Intimations of Immortality", England

235 Für ein Neugeborenes

Segen sei mit dir, schlafe und wachse im Schlaf.
Ruhe in liebevoller Geborgenheit.
Kinder liegen in einer Muschel des Friedens
Und sollten faul sein. Nach dieser Ruhe,
Wenn die Seele ihren sicheren Hafen verlässt,
Sich dehnt, wie du deine Gelenke und Zehen streckst,
Was soll ich dir wünschen? Klugheit zuerst,
Im leichtgläubigen Alter, das von Lehren verflucht ist.
Nimm von uns, was wir an Immunität
Gegen gedruckte Lügen besitzen.
Ich wünsche dir die Gelassenheit deines Vaters, und das
Schöpferische seiner starken Hand.
Und vieles, das ganz anders ist und nur dir allein gehört;
Mögen wir lernen, dich allein zu lassen.
Und was dich angeht, vergib uns den Schmerz des Lebens;
Wachse in der grellen Sonne unserer liebenden Herzen.

Anne Ridler (1912–2001), aus „For a Christening", England

236 Der Samen

Die wunderbarsten Träume der Erde

vertraue ich dir an, mein Kind.

Du bist der Samen der Menschheit,

die Hoffnung, die Zukunft der Welt.

Trán Düc Uyén (20. Jh.), aus „A Letter to My Future Child", Vietnam

237 *Das lebendige Ja*

Da ich unschuldig bin, ist alles, was ich tue oder sage, eine Bestätigung.

Derek Mahon (geb. 1941) aus „An Unborn Child", Irland

238 Ganz lebendig

Ich will nicht sterben, ohne gelebt zu haben.
Ich will nicht in Angst leben,
hinzufallen oder Feuer zu fangen.
Ich will in meinen Tagen wohnen.
Ich will meinem Leben erlauben, sich mir zu
öffnen, damit ich weniger Angst habe,
zugänglicher bin,
und mein Herz löse, bis es ein Flügel wird,
eine Fackel, ein Versprechen.
Ich wähle, meine Bedeutsamkeit aufs Spiel
zu setzen, so zu leben,
dass alles, was mir als Same begegnet,
als Blüte von mir geht, und alles,
was als Blüte kommt, als Frucht geht.

Dawna Markova (20. Jh.), USA

239 ## Schwierige Freude

Geburt ist Erwachen, Geburt ist Anstrengung und Schmerz.
Und jetzt, im Spätwinter, gibt es Andeutungen – durchweichte Pfingstrosen, knospendes Geißblatt–, dass der Schlaf zu Ende geht.
Neues Leben zu gebären und Leben zu lernen ist eine strenge Freude: Das ganze Sein muss wach sein. Man kann nicht voraussagen, was geschehen wird, oder die Antworten vorher kennen.

Anne Ridler (1912–2001), aus „Christmas and Common Birth", England

240 ## Kindertraum

Stör nicht den Traum der Kinder,
wenn eine Lust sie herzt;
ihr Weh schmerzt sie nicht minder,
als dich das deine schmerzt.

Es trägt wohl mancher Alte,
des Herz längst nicht mehr flammt,
im Antlitz eine Falte,
die aus der Kindheit stammt.

Julius Hammer (1810–1862), Deutschland

Nach dem Leben und dem Traum
kommt das, was am wichtigsten ist:
das Erwachen.

Don Paterson (geb. 1963), nach Antonio Machado (1875–1939), Spanien

Der äußere Kreis des Geistes

• Dunkle Zeiten • Der Weg • Welt der Verbundenheit • Welt der Harmonie
• Welt des Friedens • Der Eine • Nah und fern • Ewigkeit

Dunkle Zeiten

242 ## Duftende Liebe

Man nimmt mit Honig gesüßten Wein, um Bienen zu beruhigen. Wenn diese den angenehmen Duft wahrnehmen werden sie friedlich und laben sich an dem Duft. Wenn unsere Herzen in Aufruhr sind, dann gießt Gott seinen geistigen Wein in uns – und nach all den ermüdenden Anstrengungen erholt sich die Seele. Wir fühlen und sehen nichts anderes als den Duft von Gottes Liebe - wir erfreuen uns in Gott.

Franz von Sales (1567–1622), Frankreich

243 ## Akzeptanz

Wenn dich jedes Reiben stört, wie soll dein Spiegel dann poliert werden?

Jelaladdin Rumi (1207–1273), Persien

244 ## Unruhige Gefilde

Ein großer Mann verliert seine Selbstbeherrschung nicht, wenn er betrübt ist, so wenig wie der Ozean von den Sandbänken schlammig wird.

Aus dem Panchatantra *(6. Jh.), Indien*

245 ## Der Seele dunkle Nacht

Auch wenn die Nacht deinen Geist verdunkelt, ist ihr Zweck doch, das Licht kundzutun. Auch wenn es dich erniedrigt, weil es die Tiefe deines Elends offenbart, ist sein Zweck doch, dich zu erfreuen und zu erheben. Auch wenn es dir alle Gefühle und Freuden des Lebens nimmt, ist sein Zweck doch, dich mit der geistigen Freude zu erfüllen und mit dem Quell dieser Freude zu vereinen.

Johannes vom Kreuz (1542–1591), Spanien

246 *Bittersüß*

Gott, du bist mir nah,
du bist voll Zorn,
du liebst, und du schlägst,
wirf mich nieder, aber gewähre mir
auch deine Hilfe,
und ich werde Gleiches tun.

Ich werde klagen, und doch preisen;
ich werde betrauern und zustimmen,
und all meine bittersüßen Tage
werde ich klagen und lieben.

George Herbert (1593–1633), England

247 *Fußspuren*

Du bist der süße Samen der
Feindseligkeit, die Rettung, die allen
Räubern der Welt eine Falle stellt.
Dein Mitleid wohnt in allen
Höhlenstädten der Desperados.
Man findet dich darin, darüber; aber
ich kann deine Fußspuren auch kreuz
und quer in allen Wüsten sehen.

Amicai Weizman (1888–1950), Israel

248 *Geduld*

Unser wahrer Segen erscheint manchmal in Gestalt von Schmerz, Verlust und Enttäuschung. Aber lasst uns geduldig sein, und bald sehen wir ihre wahre Gestalt.

Joseph Addison (1672–1719), England

249 Hoffnung

Verzweifle nicht und sage: „Mein Leben ist vorbei, mein Freund kam nicht." Er kommt ... und unerwartet. Er kommt nicht nur am Morgen.

Jelaladdin Rumi (1207–1273), Persien

Der liebende Blick

Ein Sufi-Meister saß still, als einige Männer zu ihm kamen, um ihn für etwas zu strafen, dessen er angeklagt war. Die Männer schlugen den Sufi-Meister wohl tausendmal. Er aber blieb still und zeigte kein Anzeichen von Schmerz.

Nachdem sie ihn geschlagen hatten, brachten die Männer den Sufi-Meister vor das Gericht.

Der Richter fragte:
„Wieso hast du nicht gelitten, als sie dich schlugen?"

Der Sufi-Meister erwiderte:
„Als die Männer mich schlugen, sah meine geliebte Frau zu. Ihre Liebe machte den Schmerz erträglicher. So dachte ich: Wenn der liebende Blick eines Menschen Schmerz lindern kann, dann kann der liebende Blick Gottes Schmerz ganz auslöschen."

Nasir al-Din (1201–1274), Persien

251 Nahrung der Natur

Kein Ort im Exil kann so dürr sein, dass er einen Mann nicht ausreichend ernährte. Es ist unser Geist, der Wohlstand schafft, und dieser folgt uns ins Exil. Auch in der trockensten Wüste findet man genug, um den Körper zu ernähren, und feiert so in Freude überall die guten Dinge.

Seneca (um *4 v. –65 n. Chr.*), *Rom*

252 Der Reisende

Auch wenn sie meine Arme und Beine
gefesselt haben,
So höre ich doch aus den Bergen den
Gesang der Vögel.
Der Wald ist erfüllt vom Duft der
Frühlingsblumen.
Nichts kann mich hindern, all dies
zu genießen,
Und das nimmt meiner langen Reise
ein wenig Einsamkeit.

Ho Chi Minh (1890–1969),
aus Gefängnistagebuch, *Vietnam*

253 Leichten Herzens

Klippen ragen tausend Meter hoch empor
ohne Bruchstelle,
Seen erstrecken sich hundert Kilometer
ohne eine Welle,
Der Sand ist das ganze Jahr über weiß
ohne einen Flecken,
Die Pinienwälder sind sommers wie
winters grün,
Ströme fließen und fließen ohne
Unterlass,
Bäume haben zwanzigtausend Jahre deine
Schwüre bewahrt,
Du hast auf einmal den Schmerz im
Herzen eines Reisenden geheilt.

Chang Fang-sheng (4. Jh.), China

Der Weg

255 Ehrgeiz

Der Weg ist nie ohne Bedeutung, ob wir ihn vorwärts oder rückwärts gehen. Der Ort und der Weg sind in uns. Der Platz ist der glückliche Zustand, der Weg der dauernde Wandel der ehrgeizigen Seele.

Søren Kierkegaard (1813–1855), Dänemark

254 Rätsel des Wegs

Du kannst den Pfad nicht betreten,
bevor du ihn nicht erreicht hast.

Zen-Weisheit

256 Auf festem Boden

Die Alten pflegten zu sagen: Wenn du einen jungen Mann siehst, der durch seinen Willen empor in den Himmel steigt, halte ihn am Fuß fest und ziehe ihn auf den Boden zurück, es ist nicht gut für ihn.

Aus den Weissagungen der Wüstenväter (5. Jh.), Ägypten

257 Leicht reisen

Leicht ist richtig.
Beginne richtig, und du bist
leicht. Fahre leicht fort, und du
hast recht.

Chuang Tzu (gest. 275 v. Chr.), China

258 *Die Jünger*

Zu Ihm, der überall ist, kommen die Menschen nicht durch das Reisen, sondern durch die Liebe.

Augustinus (354–430), Nordafrika

259 Flügel der Liebe

Der Weg zum Himmel liegt in uns. Breite die Flügel der Liebe aus. Wenn sie stark genug sind, musst du dich nicht um eine Leiter sorgen.

Jelaladdin Rumi (1207–1273), Persien

260 Energie und Ruhe

Wenn du sorgsam und ernsthaft mit Ruhe und Energie an dem arbeitest, was zu tun ist, wenn du deinen Geist von Ablenkungen rein hältst, als wenn du ihn nur geliehen hättest ... wenn du für nichts hoffst, nichts fürchtest und zufrieden bist, wenn du alles nach Art der Natur tust; wenn deine Worte furchtlos und wahr sind – dann wirst du glücklich leben. Niemand kann dir das wegnehmen.

Marc Aurel (121–180), Römischer Kaiser

261 Gebet des Sokrates

Heiliger Pan und alle anderen Götter dort, gewähret, dass ich ein gutes Herz habe. Meine äußeren Besitztümer mögen nicht im Streit mit meinen inneren sein. Lass mich weise Menschen für reich halten. Und lass mich nicht mehr Gold anhäufen, als ein bescheidener Mann tragen kann.

Sokrates (469–399 v. Chr.), Athen

262 *Groß sein, ganz sein*

Groß sein, ganz sein: Übertreibe es nicht und schließe auch nichts von dem aus, was du bist. Sei ganz in allem. Auch im geringsten Teil von dir sei alles, was du bist. Sei wie der Vollmond, der beflügelt lebt und überall leuchtet.

Fernando Pessoa (1888–1935), Portugal

263 Die Liebe

Das ist mein Trost in allen Leiden,
dass nichts mich kann von Jesus scheiden,
von seiner Liebe keine Macht,
der größte aller Erdenschmerzen,
hat nicht Gewalt ob einem Herzen,
worin die Liebe Jesu wacht.

Wenn er mir bleibt, was kann mir fehlen?
Wenn er mich labt, was kann mich quälen?
Wie hat er alles wohl bestellt!
Wenn ich nur seinen Namen nenne,
dann ist's, als ob das Herz mir brenne,
im Lichte steht die ganze Welt.

Annette von Droste-Hülshoff (1798–1848),
Deutschland

264 Schauen und Fragen

Tretet hin an die Wege und schauet und fragt nach den Wegen der Vorzeit, welches der gute Weg sei, und wandelt darin, so werdet ihr Ruhe finden für eure Seele.

Jeremia *6:16*

265 *Pfade und Wüsten*

Die Erde unter unseren Füßen nimmt viele Gestalten an. Manche reiten nur auf Pfaden, andere durch Wüsten. Wer auf Pfaden reitet, gleicht dem, der den Weg zu Gott sehen kann. Wer durch die Wüste reitet, gleicht dem, der den Weg zu Gott verlassen hat. Aber Gott zeigt sich in der Seele beider: Er ist die innere Wirklichkeit der ganzen Menschheit.

Ibn al-'Arabi (1165–1240), Spanien

266 Bemühen

Wer sich um das Unmögliche bemüht,
kann das Höchstmögliche erreichen.

August Strindberg (1849–1912), Schweden

267 Widersprüche

Wenn du vom Fluss des Schweigens trinkst, dann erst
sollst du singen,
Wenn du den Berggipfel erreicht hast, dann erst
sollst du zu klettern beginnen.
Wenn die Erde nach deinem Leib verlangt, dann erst
sollst du tanzen.

Kahlil Gibran (1883–1931), Libanon

268 Lebensanweisung

Lass die Schönheit der Liebe das sein, was wir tun.

Jelaladdin Rumi (1207–1273), Persien

270 Erfahrung

Ich nutze Spannung als Werkzeug der Ausdauer,
Gefahr als Werkzeug für Mut,
Vorwürfe als Werkzeug für langes Leiden,
Lob als Werkzeug für Bescheidenheit,
Vergnügen als Werkzeug für Mäßigung,
Schmerz als Werkzeug für Standhaftigkeit.

John Baillie (1886–1960), Schottland

269 Geschichten

Vielleicht gibt es nur drei Arten
von Geschichten:
Solche, die wir leben, solche, die wir erzählen,
und solche, die uns helfen, hinauf in das
größere Licht zu fliegen.

Ben Okri (geb. 1959), Nigeria

271 *Unser Leben*

Unsere Aufgabe ist ebenso groß wie unser Leben, und darum ist dieses unvergänglich.

Franz Kafka (1883–1924), Österreich

272 Warum wir loben

O Gott! Wenn ich dich lobe aus Angst vor der Hölle, dann verbrenne mich in der Hölle. Wenn ich dich lobe, weil ich aufs Paradies hoffe, dann vertreibe mich aus dem Paradies. Aber wenn ich dich nur um deiner selbst willen lobe, dann enthalte mir deine unvergängliche Schönheit nicht vor.

Rabi'a al-Adawiyya (717–801), Mesopotamien

273 Die Wolke des Nichtwissens

Erhebe dein Herz in bescheidener Liebe zu Gott. Meine Gott selbst, und nicht das, was du von ihm erhältst. Wenn du anfängst, findest du nur Dunkelheit, die einer Wolke des Nichtwissens gleicht. Höre dennoch nicht auf, nach ihm, den du liebst, zu verlangen. Denn wenn du ihn in diesem Leben fühlen oder sehen willst, dann muss das immer in dieser Wolke, in dieser Dunkelheit geschehen.

Julian von Norwich (um 1342–1413), England

274 Blumen des Geistes

Wir sprechen von Liebe und Bescheidenheit als den wahren Blumen geistigen Wachstums. Sie duften wundervoll und helfen allen, die nahe sind. Der Sinn des ekstatischen Gebets ist es, diese Blumen zum Blühen zu bringen – in Ekstase, ohne Anstrengung erhebt der Herr die Seele von der Erde und hinauf in den Himmel.

Teresa von Avila (1515–1582), Spanien

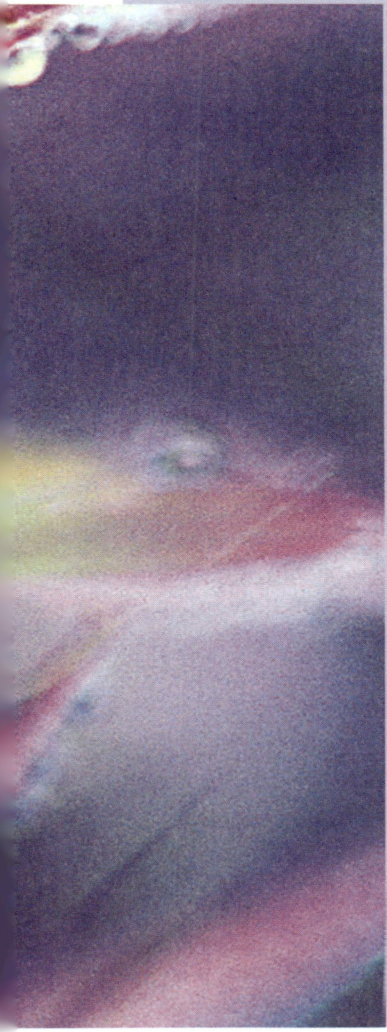

275 Intensität

Wir machen Heu, wenn wir tanzen sollten. Wir züchten Tomaten, wenn wir Kain oder Lazarus aufziehen sollten.

Annie Dillard (geb. 1945), USA

276 Erinnerung

Erinnerung an das Gute hält uns bei guter Laune. Erinnerung an das Schöne ist die Errettung der Sterblichen. Erinnerung alles Lieben wird Glück, wenn es lebendig bleibt. Erinnerung an den Einen ist das Beste, das ich kenne.

Johann Wolfgang von Goethe (1749–1832), Deutschland

277 Bereit

Man soll stets gestiefelt und gespornt sein, fertig zur Abreise.

Michel de Montaigne (1533–1592), Frankreich

278 Heimkehr

Zuhause ist nicht außerhalb des Herzens,
sondern im Herzen. Jede würdige Pilgerreise bringt uns
nachhause, genauso auch jede Reise in die Ferne,
die wir der Liebe wegen antreten.

Donald Masterson (geb. 1940), aus „Love's Compass", Kanada

279 Auf See

Neue Länder entdeckt man nur, wenn man bereit ist,
den Strand für lange Zeit aus den Augen zu verlieren.

André Gide (1869–1951), Frankreich

280 Möwenflug

Möwen sah um einen Felsen kreisen
ich in uermüdlich gleichen Gleisen,
auf gespannter Schwinge schwebend
bleiben,
eine schimmernd weiße Bahn beschreibend,
und zugleich in grünem Meeresspiegel
sah ich um dieselben Felsenspitzen
eine helle Jagd gestreckter Flügel
unermüdlich durch die Tiefe blitzen.

Conrad Ferdinand Meyer (1825–1898), Schweiz

Welt der Verbundenheit

281 ## Erwerb des Außergewöhnlichen

Wertschätzung ist etwas Wundervolles. Was andere auszeichnet, wird so unser eigener Besitz.

Voltaire (1694–1778), Frankreich

282 ## Der Unterschied

Je mehr wir jede Stimme für sich selbst singen lassen, desto reicher wird die Vielfalt des einstimmigen Gesangs.

Angelus Silesius (1624–1677), Schlesien

283 ## Sanfte Stärke

Wenn Spinnen sich zusammentun, können sie einen Löwen in Fesseln legen.

Äthiopisches Sprichwort

284 Ein edler Mensch

Ein edler Mensch kann einem engen Kreise
nicht seine Bildung danken.

Vaterland und Welt muss auf ihn wirken.
Ruhm und Tadel muss er ertragen lernen.
Sich und andre wird er gezwungen, recht zu kennen.
Ihn wiegt nicht die Einsamkeit mehr schmeichelnd ein.

Es will der Feind – es darf der Freund nicht schonen;
dann übt der Jüngling streitend seine Kräfte,
fühlt, was er ist, und fühlt sich bald als Mann.

Es bildet ein Talent sich in der Stille,
sich ein Charakter in dem Strom der Welt.

Johann Wolfgang von Goethe (1749–1832), aus „Tasso“, Deutschland

285 ## Fremde bewirten

Bleibt fest in der brüderlichen Liebe. Gastfrei zu sein, vergesst nicht; denn dadurch haben einige ohne ihr Wissen Engel beherbergt.

Hebräer *13:1*

286 ## Beten und lieben

Der betet gut, der sowohl den Menschen als auch alle Kreaturen liebt.

Samuel Taylor Coleridge (1772–1834), England

287 Hauptstadt des Herzens

O ihr Zärtlichen, tretet zuweilen
in den Atem, der euch nicht meint,
lasst ihn an euren Wangen sich teilen,
hinter euch zittert er, wieder vereint.

O ihr Seligen, o ihr Heilen,
die ihr der Anfang der Herzen scheint,
Bogen der Pfeile und Ziele von Pfeilen,
ewiger glänzt euer Lächeln verweint.

Fürchtet euch nicht zu leiden, die Schwere,
gebt sie zurück an der Erde Gewicht;
schwer sind die Berge, schwer sind die Meere.

Selbst die als Kinder ihr pflanztet, die Bäume,
wurden zu schwer längst; ihr trüget sie nicht.
Aber die Lüfte ... aber die Räume ...

Rainer Maria Rilke (1875–1927), aus „Sonette an Orpheus",
Österreich

288 Perfekter Akkord

Die Vielfalt einer Familie soll Anlass zu Liebe und Harmonie sein, so wie sich in der Musik viele verschiedene Noten zu einem perfekten Akkord verbinden.

Aus den Baha'i-Schriften *(19. Jh.), Persien*

289 Meine Gemeinde

Wo immer ich bin, im Geist ist meine Gemeinde stets bei mir. Ich kann von den Meinen nicht getrennt werden. Vielleicht trennt uns der Raum, aber die Liebe verbindet uns. Auch wenn mein Körper stirbt, so lebt doch meine Seele weiter, und meine Seele wird sich meiner Gemeinde erinnern.

Meine Gemeinde ist meine Familie. Ihre Mitglieder sind meine Eltern, meine Geschwister und meine Kinder. Sie sind mir mehr wert als Licht. Ihre Liebe webt mir eine Krone, die ich in alle Ewigkeit tragen werde.

Johannes Chrysostomus (um *345–407), Türkei*

Zugehörigkeit

Wir müssen eine Gemeinschaft ehren, egal welche – Land, Familie oder etwas anderes. Nicht um ihrer selbst willen, sondern weil sie einer bestimmten Anzahl von Menschen Nahrung gibt.

Simone Weil (1909–1949), Frankreich

291 Eine Seele

Ich glaube an die absolute Einheit Gottes und deshalb auch der Menschheit. Wir haben viele Körper? Aber wir haben nur eine Seele.

Mahatma Gandhi (1869–1948), Indien

292 *Brot und Wasser*

Unser Brot und Wasser kommen vom selben Tisch: Adams Kinder sind wie eine Seele.

Muhammad Iqbal (1877–1958), Indien

Welt der Harmonie

293 *Morgenwind*

Ja, es umgibt uns eine neue Welt!
Der Schatten dieser immer grünen Bäume
wird schon erfreulich. Schon erquickt uns wieder
das Rauschen dieser Brunnen.
Schwankend wiegen
im Morgenwinde sich die jungen Zweige.
Die Blumen von den Beeten schauen uns
mit ihren Kinderaugen freundlich an.
Der Gärtner deckt getrost das Winterhaus
schon der Zitronen und Orangen ab.
Der blaue Himmel ruhet über uns,
und an dem Horizonte löst der Schnee
der fernen Berge sich in leisen Duft.

Johann Wolfgang von Goethe
(1749–1832), Deutschland

294 Nichts ist sinnlos

Nichts von allem, was Gott geschaffen hat, ist sinnlos. Er schuf die Schlange als Gegenmittel für Schorf, die Fliege als Gegenmittel für den Wespenstich, die Stechmücke als Gegenmittel zur Schlange, die Schlange als Gegenmittel für eine Wunde, und die Spinne als Gegenmittel für den Biss eines Skorpions.

Aus dem Talmud *(6. Jh.)*

295 Der Wurm

Länder, die immer wieder von Überschwemmungen heimgesucht werden, sind immer arm, und das liegt vielleicht daran, dass die Würmer ertrunken sind. Wichtigere Insekten und Reptilien haben größere Bedeutung und mehr Einfluss auf die Ökonomie der Natur, als wir uns in unserer Gleichgültigkeit manchmal bewusst sind. Ihre Wirkung ist groß, angefangen bei ihrer Winzigkeit, die verhindert, dass wir ihnen Aufmerksamkeit schenken, bis zu ihrer großen Anzahl und Fruchtbarkeit. Würmer sind klein und scheinen verzichtbar in der Kette des Lebens zu sein, gäbe es sie aber nicht, würde sich ein beklagenswerter Abgrund auftun.

Gilbert White (1720–1793), England

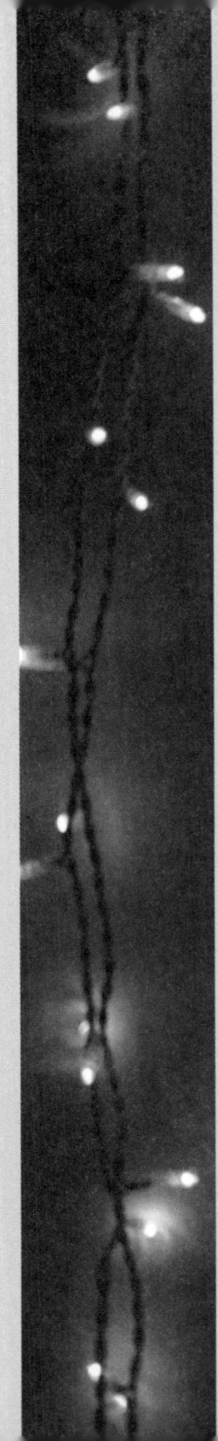

296 Der Abend

Schweigt der Menschen laute Lust:
rauscht die Erde wie in Träumen
wunderbar mit allen Bäumen, was dem Herzen kaum bewusst,
alte Zeiten, linde Trauer, und es schweifen leise Schauer
wetterleuchtend durch die Brust.

Joseph Freiherr von Eichendorff (1788–1857), Deutschland

297 Einem jungen Sportler

Sache eines Tages! So ist der Mensch – ein Schatten
im Traum. Aber wenn Gottes Reichtum ihm begegnet,
dann erstrahlt er im Licht, und wie süß ist dann das Leben!

Pindar (552–442 v. Chr.), Griechenland

298

Zauberwort

Schläft ein Lied in allen Dingen,
Die da träumen fort und fort,
Und die Welt fängt an zu singen,
Triffst Du nur das Zauberwort.

Joseph Freiherr von Eichendorff

(1788–1857), Deutschland

299 Glück auf Erden

Ich bitte nicht um Glück auf Erden,
nur um ein Leuchten nun und dann,
dass sichtbar deine Hände werden,
ich deine Liebe ahnen kann.
Nur in des Lebens Kümmernissen
um der Ergebung Gnadenguss,
dann wirst du schon am besten
wissen,
wieviel ich tragen kann und muss.

Auch nicht um Ruhm will ich dich
bitten,
dem meine Schultern viel zu
schwach,
nur in der Menschenstimmen Mitten,
mir bleibe das Bewusstsein wach.
Dass, wie die Meinung kreist und
rennet,
doch einer ist, der nimmer irrt,
und jedes Wort, das ihn nicht
kennet,
mich tausendfach gereuen wird.

Annette von Droste-Hülshoff,
(1797–1848), aus „Am sechsten
Sonntage nach Ostern“, Deutschland

300 Morgen und Abend

Im Haus, das aus Morgendämmerung gemacht ist.
In der Geschichte, die aus Morgendämmerung
gemacht ist,
Auf den Spuren der Morgendämmerung.
O, Sprechender Gott,
Seine Füße, meine Füße, mache sie heil.
Seine Glieder, meine Glieder, heile sie.
Seinen Körper, meinen Körper, heile sie.
Seine Stimme, meine Stimme, heile sie.
Seine Federn, meine Federn, heile sie.
Mit Schönheit unter ihm, mit Schönheit unter mir.
Mit Schönheit um ihn, mit Schönheit um mich.
Mit Blütenstaub schön in seiner Stimme.
Mit Blütenstaub schön in meiner Stimme.
Alles ist in Schönheit vollendet.
Alles ist in Schönheit vollendet.
Im Haus des Abendlichts.
Aus der Geschichte, die aus Abendlicht
gemacht ist.
Auf den Spuren des Abendlichts.

Lied der amerikanischen Indianer, USA

301 Traumglück

Warum gabst du uns die tiefen Blicke,
Unsre Zukunft ahndungsvoll zu schaun,
unsrer Liebe, unsrem Erdenglücke
Wähnend selig nimmer hinzutraun?
Ach, so viele tausend Menschen kennen,
dumpf sich treibend, kaum ihr eigen Herz.
Schweben zwecklos hin und her und rennen
hoffnungslos in unversehnem Schmerz;
jauchzen wieder, wenn der schnellen Freuden
unerwart'te Morgenröte tagt.
Nur uns armen liebevollen beiden,
ist das wechselseit'ge Glück versagt.
Uns zu lieben, ohn' uns zu verstehen,
in dem andern sehn, was er nie war,
immer frisch auf Traumglück auszugehen
und zu schwanken auch in Traumgefahr.

Johann Wolfgang von Goethe (1747-1832), Deutschland

302 Dem unbekannten Gott

Noch einmal, eh' ich weiterziehe
und meine Blicke vorwärts sende,
heb' ich vereinsamt meine Hände
zu dir empor, zu dem ich fliehe,
dem ich in tiefster Herzenstiefe
Altäre feierlich geweiht,
dass allezeit mich deine Stimme wieder riefe.
Darauf erglüht tief eingeschrieben
das Wort: Dem unbekannten Gotte.
Sein bin ich, ob ich in der Frevler Rotte
auch bis zur Stunde bin geblieben:
Sein bin ich – und ich fühl' die Schlingen,
die mich im Kampf darniederziehn
und, mag ich fliehn,
mich doch zu seinem Dienste zwingen.
Ich will dich kennen, Unbekannter,
du tief in meine Seele Greifender,
mein Leben wie ein Sturm Durchschweifender,
du Unfassbarer, mir Verwandter!
Ich will dich kennen, selbst dir dienen.

Friedrich Nietzsche (1844–1900), Deutschland

303 *Geburtsrecht*

Wir, die wir geboren
auf dem Land,
weit weg von der Stadt,
und wechselnden Gesichtern,
haben ein Geburtsrecht,
das keiner verkaufen,
und eine heimliche Freude,
die keiner erzählen kann.

Denn wir sind verwandt
mit herrschaftlichen Dingen,
mit dem Flug der wilden Ente
und den Flügeln der weißen Eule,
mit Hecht und Lachs,
mit Bulle und Pferd,
mit dem Ruf des Brachvogels
und dem Duft von Ginster.

Stolz der Bäume,
Schnelligkeit der Ströme,
Zauber des Frosts,
sie haben unsere Träume geformt.
Kein gemeiner Blick
füllt den Geist derer,
die auf den nackten Hügeln
von Rechts wegen gehen.

Eiluned Lewis (1900–1979), Wales

304 Die Klippen

Weiße Möwen stürzen sich herab,
gleiten vergnügt in der Luft über
den Inseln,
Meernelken und Salzgras,
Tölpel und Eiderenten,
Brachvögel und Kormoran,
jeder ein anderes Muster von
Ekstase, wiederkehrend als
Knoten in einer immer
dahinfließenden Strömung.
Die dauernden Arten, wiederholt,
erneuert durch den Willen der
Freude, in Eiern, die sicher in
Nestern liegen, an gefährlichen
Gesimsen.

Kathleen Raine (geb. 1908), aus „The Moment", England

305 Im Gras

Süße Ruh, süßer Taumel im Gras,
von des Krautes Arome umhaucht,
tiefe Flut, tief, tief trunkne Flut,
wenn die Wolk' am Azure verraucht,
wenn aufs müde, schwimmende Haupt
süßes Lachen gaukelt herab,
liebe Stimme säuselt und träuft
wie die Lindenblüt' auf ein Grab.

Annette von Droste-Hülshoff (1797–1848), Deutschland

306 ## Kosmische Liebe

... liebe das Universum als deine Stadt,
dein Heimatland, das geliebte Vaterland
jedes Menschen.

Simone Weil (1909–1943), Frankreich

307 ## Heilige Erde

Jeder Teil der Erde hier ist meinem Volk heilig. Jeder glänzende Nadelbaum, jedes Stück Strand, jeder Nebel im dunklen Wald, jede Lichtung und die summenden Insekten sind in der Erinnerung und Erfahrung meines Volkes heilig. Wir sind ein Teil der Erde, und die Erde ist ein Teil von uns.

Chief Seattle (19. Jh.), aus „Chief Seattles Rede", USA

Liebender Augenblick

Vor ihrem Blick, wie vor der Sonne Walten,
vor ihrem Atem, wie vor Frühlingslüften,
zerschmilzt, so längst sich eisig starr gehalten,
der Selbstsinn tief in winterlichen Grüften;
kein Eigennutz, kein Eigenwillen dauert,
von ihrem Kommen sind sie weggeschauert.

Es ist, als wenn sie sagte: Stund um Stunde
wird uns das Leben freundlich dargeboten.
Das Gestrige ließ uns geringe Kunde,
das Morgende – zu wissen ist's verboten!
Und wenn ich je mich vor dem Abend scheute,
die Sonne sank und sah noch, was mich freute.

Drum tue wie ich und schaue, froh verständig
dem Augenblick ins Auge! Kein Verschieben!

Johann Wolfgang von Goethe (1749–1832), aus
„Marienbader Elegie", Deutschland

Welt des Friedens

309 Ernte

Lass uns danach streben, Frieden
zu ernten. Lass uns den steinigen
Grund pflügen, bis wir erschöpft sind.

Modernes Gebet aus der Türkei

310 Raum des Friedens

Wenn jemand einen Stein wirft,
vielleicht nur, um die Grenzen des neuen
Fundaments zu markieren,

ein großer Raum des Friedens, in dem wir alle
dem gnädigen Gott danken wollen.

Modernes Gebet aus Sri Lanka

311 Gras im Wind

Du regelst öffentliche Angelegenheiten, warum willst du strafen? Liebe die Tugend, und die Menschen werden tugendhaft sein. Die Tugend eines großen Menschen ist wie der Wind: die Tugend eines gemeinen Menschen wie das Gras, über das der Wind streicht und es beugt.

Henry David Thoreau (1817–1862), USA

312 Das harmonische Königreich

Zuerst muss in deinem Geist Ordnung und Harmonie herrschen. Dann verbreitet es sich in deine Familie, dann in die Gemeinschaft, und schließlich in dein ganzes Königreich. Nur so enstehen Frieden und Harmonie.

Konfuzius (551–479 v. Chr.), China

313 Göttliches Licht

Sie bleibt in ihrem prächtigen Schrein.
Sie wirft ihre beschützenden Strahlen weit
in das Land der vier Ecken.
Ihr leuchtendes Licht bringt Frieden
überall unter den Himmeln.

Inschrift am Ise-Schrein (die sich auf die Sonnengöttin Amaterasu bezieht), Japan

Der Eine

314 *Welt und ich*

Im großen ungeheuren Ozeane
willst du, der Tropfe, dich in dich verschließen?
So wirst du nie zur Perl' zusammenschießen,
wie dich auf Fluten schütteln und Orkane!

Nein! öffne deine innersten Organe
und mische dich im Leiden und Genießen
mit allen Strömen, die vorüberfließen:
Dann dienst du dir und dienst dem höchsten Plane!

Und fürchte nicht, so in die Welt versunken,
dich selbst und dein Ureignes zu verlieren:
Der Weg zu dir führt eben durch das Ganze!

Erst wenn du kühn von jedem Wein getrunken,
wirst du die Kraft im tiefsten Innern spüren,
die jedem Sturm zu stehn vermag im Tanze!

Friedrich Hebbel (1813–1863), Deutschland

315 Wer sah den Wind?

Wer sah den Wind?
Weder ich noch du:
Aber wenn die Blätter zittern,
dann zieht der Wind vorbei.

Wer sah den Wind?
Weder du noch ich:
Aber wenn die Bäume die Kronen senken,
dann zieht der Wind vorbei.

Christina Rossetti (1830–1894), England

316 Allgegenwart

Rufe ihn, rufe ihn nicht – Gott
ist immer da.

Carl G. Jung (1875–1961), Schweiz

317 Schützendes Herz

Ich fragte nach Frieden – meine Sünden
stiegen empor und fesselten mich,
es gab keine Erlösung.

Ich fragte nach Wahrheit – meine
Zweifel erschienen, mit ihrem Lärm
erstickten sie meine Jugend.

Ich fragte nach Liebe – meine Liebhaber
versagten. Und Traurigkeit bestürmte
mich, um mich, unter mir, über mir.

Ich fragte nach Dir – und Du bist
gekommen, nahmst mich heim, ich war
in Deinem Herzen.

D. M. Dolben (1848–1867), England

318 ## *Licht überall*

Gottes Weisheit ist die einzige Quelle des Lichts auf der Erde. Auch von dem schwachen Licht, das die Dinge in der Welt erleuchtet.

Simone Weil (1909–1943), Frankreich

319 ## *Die Welt in meiner Hand*

In seiner großen Liebe kleidet er uns, umarmt uns. Seine zärtliche Liebe umgibt uns, verlässt uns nie ... Er zeigte mir mehr, ein kleines Ding, nicht größer als eine Haselnuss und rund wie ein Ball lag es in seiner Hand. Ich sah es verwundert an und fragte: „Was ist das?" Und als Antwort kam: ‚Das ist alles, was ich je schuf ... Es existiert, heute und für immer, weil Gott es liebt."

Julian von Norwich (um 1342–1413), England

320 Gottes Güte

„In dir allein besitze ich alles." Solche Worte bedeuten der Seele viel, und sind dem Willen und der Güte Gottes nahe. Denn er ist Ewigkeit, und er hat uns nur für sich geschaffen, hat uns durch sein geheiligtes Leiden erlöst und umhüllt uns mit seiner heiligen Liebe. Und das, weil er die Güte selbst ist.

Julian von Norwich (um *1342–1413), England*

321 Der alles sieht

Wie stürmisch er auch ist,
Gott sieht es,
Gott kann erretten.

Anonym (um *370), aus* „Sir Gawain und der grüne Ritter", *England*

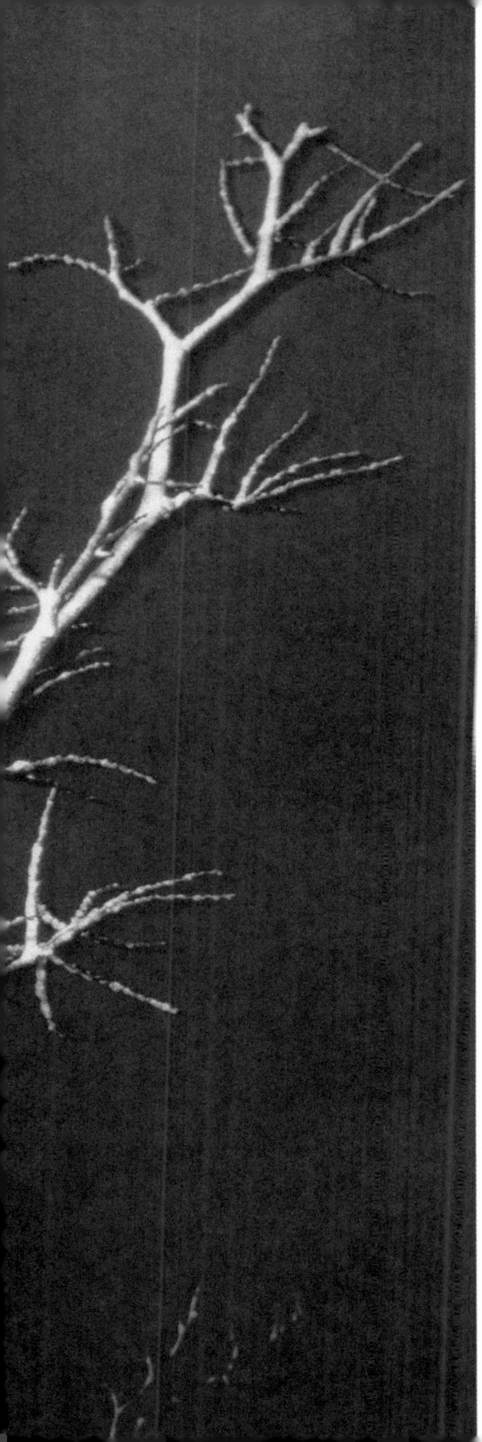

322 Herr der Gegensätze

Gott ist im Wasser des Sees, aber
auch in der zerborstenen Erde,
wenn der See ausgetrocknet ist.

Gott ist in der reichen Ernte, aber
auch im Hunger, der herrscht,
wenn die Ernte schlecht war.

Gott ist im Blitz, aber auch in
der Dunkelheit, wenn der Blitz
verlöscht ist.

Mansur al-Hallaj (858–922), Persien

323 Das Unveränderliche

In der Welt der Sinne ist alles dem Wandel unterworfen, der Gott der Liebe aber ist unveränderlich. Denke über ihn nach, nimm ihn auf, wach auf aus dem Traum des Getrenntseins.

Aus Svetasvatara Upanishaden *(600–300 v. Chr.), Indien*

324 *Stille und Vereinigung*

Wenn dein Geist, der irre wird an den vielen Widersprüchen der Schrift, gelassen in göttlicher Kontemplation ruht, dann hast du das Ziel der Vereinigung erreicht.

Aus dem Bhagavad Gita *(1.–2. Jh.), Indien*

325 Om

OM ist das höchste Symbol des Herrn.
OM ist das Ganze. OM bestätigt. OM gibt den Takt der Vedischen Hymnen an. Der Priester beginnt mit OM, geistige Lehrer und Studenten beginnen mit OM. Der Student, der im OM ruht, wird eins mit dem Gott der Liebe.

Aus Taittiriya Upanishaden *(600–300 v. Chr.), Indien*

326 Der Gott der Liebe

Wie Öl in Sesamsamen, wie Butter in Sahne, wie Wasser in Quellen, wie Feuer in Feuerhölzern, so wohnt der Gott der Liebe im Ich, in den tiefsten Tiefen des Bewusstseins. Erkenne ihn durch Wahrheit und Meditation.

Aus Svetashvatara Upanishaden *(600–300 v. Chr.), Indien*

327 *Tiefste Wahrnehmung*

Je vollkommener und reiner die Kräfte der Seele sind, desto vollkommener und verständnisvoller empfangen sie das Objekt ihrer Wahrnehmung. Sie umarmen und erfahren größere Freude. Je mehr sie eins werden mit ihrer Wahrnehmung – bis zu einem solchen Grad, dass die größte Kraft der Seele, die frei ist von allem und mit nichts Gewöhnlichem etwas zu tun hat, Gott selbst wahrnimmt in der Tiefe und Fülle seines Seins.

Meister Eckhart (1260–1327), Deutschland

328 Offenheit

Läge es an mir,
alle eisernen Gitter,
alle Hecken, alle Mauern
würde ich verbieten.

Läge es an mir,
Türen und Fenster blieben
stets auf und ließen Luft,
Licht und Leben herein –
bis auf die seltenen Momente,
in denen sie des Königs
Geheimnisse bewahren
müssen.

Dom Helder Camara (1909–1999),
Brasilien

329 ## Duft der Liebe

Herr, mache uns zu weißen Lilien auf dem Feld
vor deinem Haus, lass uns den süßen Duft
deiner Liebe verströmen für alle,
die vorübergehen.

Mozarabisches Sakrament (3. Jh.), Spanien

330 ## Enthüllung des Herzens

Ich sah meinen Herrn mit dem Auge des
Herzens und fragte: „Wer bist Du?"
Er sagte: „Du."

Mansur al-Hallaj (858–922), Persien

331 ## Ein Ort

Ob ich mit Engeln fliege oder in den Staub falle,
deine Hände schufen beides, und ich bin da:
Deine Kraft und Liebe, meine Liebe und mein Glaube
sind überall ein und derselbe Platz.

George Herbert (1593–1633), aus „The Temper", England

332 *Gespräch*

Erneure das Gespräch mit Gott
jeden Tag:
Ziehe es selbst dem Essen vor.
Denke häufiger an Gott,
als du atmest.

Epiktet (um 55–155), Griechenland

333 Adams Lied

Ich bin weit aus deiner Obhut weggelaufen,
aber ich werde zu deinem Herzen zurückkehren.

Ich bin weit von deinem Namen weggelaufen,
aber ich werde zu deinem Atem zurückkehren.

Ich bin weit von deiner Liebe weggelaufen,
aber ich werde in deinen Frieden zurückkehren.

Jay Ramsay (geb. 1946), England

334 Grenzenlose Liebe

Mit jedem Pochen meines Herzens will ich, oh mein Geliebter, mein Opfer an dich unendlich viele Male erneuern, bis die Schatten verschwunden sind und ich dir von Angesicht zu Angesicht meine Liebe in Ewigkeit gestehen kann.

Thérèse von Lisieux (1873–1937), Frankreich

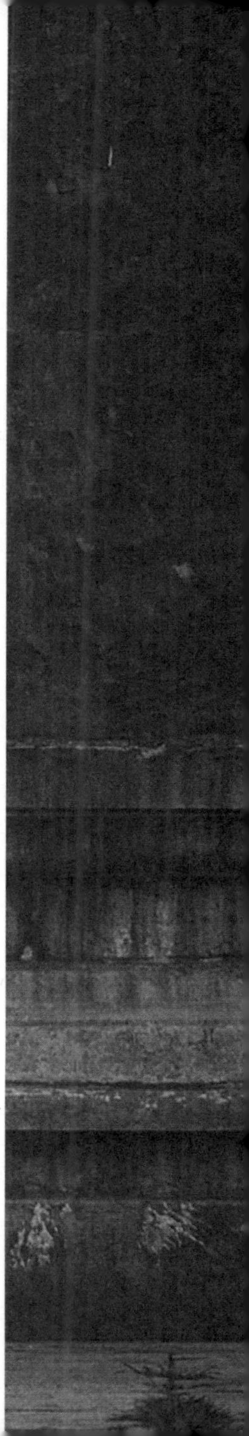

Nah und fern

335 *Das Wesen Gottes*

Nah ist und schwer zu fassen der Gott.
Wo aber Gefahr ist, wächst
das Rettende auch ...
Drum, da gehäufet sind rings
die Gipfel der Zeit, und die Liebsten
nahe wohnen, ermattend auf
getrenntesten Bergen,
so gib unschuldig Wasser,
o Fittiche gib uns, treusten Sinns
hinüberzugehn und wiederzukehren ...

Friedrich Hölderlin (1770–1843),
Deutschland

336 *Zwischen dem einen und dem anderen Nichts*

Vor der Geburt und nach dem Tod sind alle Lebewesen unsichtbar. Zwischen zwei Nicht-Sichtbaren sieht man sie. Warum ob dieser Wahrheit traurig sein?

Aus dem Bhagavad Gita *(1.–2. Jh.), Indien*

337 ## Letzter Horizont

Als wir auf den Berg stiegen und dahin kamen, wo ich den Horizont vermutete, war er verschwunden. Ein anderer Horizont wartete in der Ferne. Ich war enttäuscht, aber auch seltsam erregt. Jede neue Ebene hatte eine neue Welt enthüllt. Vor dieser Perspektive kann man den Tod als letzten Horizont verstehen. Danach wartet der tiefste Brunnen deiner Identität auf dich. Darin wirst du die Schönheit und das Licht deines ewigen Antlitzes bewahren.

John O'Donohue (geb. 1956), Irland

338 *Sie sind uns vorausgegangen*

Oft denk' ich, sie sind nur ausgegangen,
bald werden sie wieder nach Hause gelangen,
der Tag ist schön, o sei nicht bang,
sie machen nur einen weiten Gang.
Sie sind uns nur vorausgegangen,
und werden nicht hier nach Haus verlangen,
wir holen sie ein auf jenen Höhn
im Sonnenschein, der Tag ist schön.

Friedrich Rückert (1788–1866), Deutschland

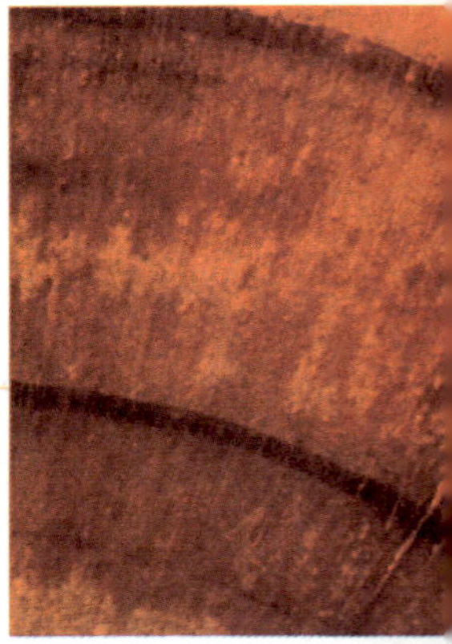

339 *Lebensspanne*

Liegt nicht eine gewisse Befriedigung darin, dass das individuelle Leben begrenzt ist, sodass es am Ende als Kunstwerk erscheinen kann?

Albert Einstein (1879–1955), Deutschland

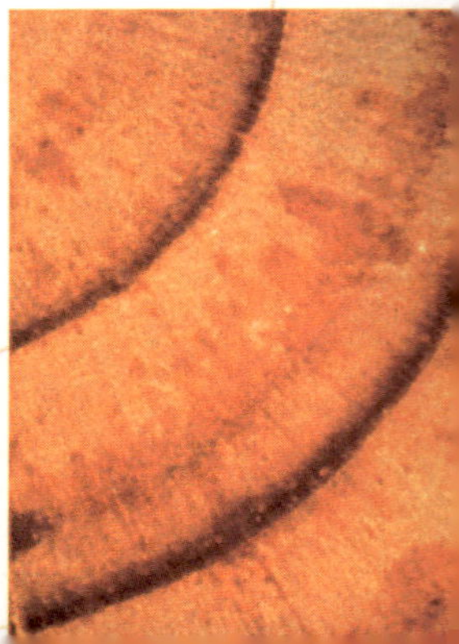

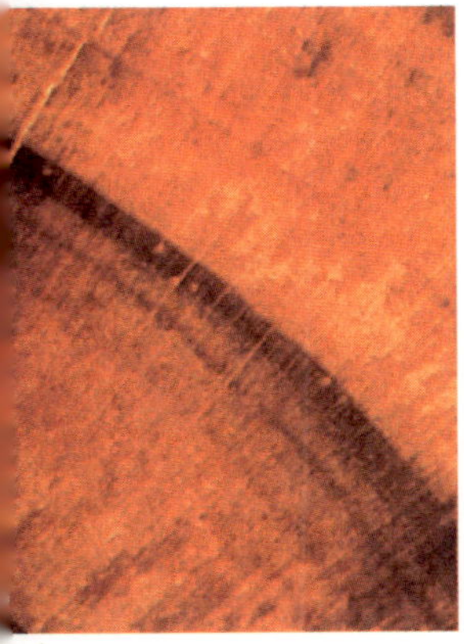

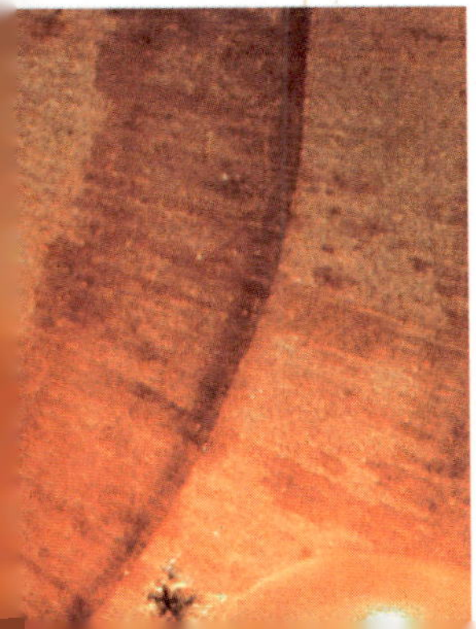

340 Das Ei des Käfers

Jeder hat diese Geschichte wohl schon gehört, von einem starken und schönen Käfer, der aus dem trockenen Laub eines alten Tischs aus Apfelholz kam, der seit mehr als sechzig Jahren in der Küche eines Bauern gestanden hatte. Er schlüpfte aus einem Ei, das vor vielen Jahren im lebendigen Baum abgelegt worden war, wie man an den Jahresringen ablesen konnte. Er schlüpfte durch Zufall, durch die Hitze einer Schale. Wer fühlt nicht, wie sein Glaube an die Auferstehung und Unsterblichkeit bei dieser Geschichte gestärkt wird?

Henry David Thoreau (1817–1862), USA

341 Im Angesicht des Todes

Wenn du stirbst, dann nicht, weil du krank warst, sondern weil du gelebt hast.

Seneca (um 4 v. – 65 n. Chr), Rom

342 Das Unbekannte

Leben ist eine große Überraschung.
Warum sollte der Tod nicht eine noch größere Überraschung sein?

Vladimir Nabokov (1899–1977), USA

343 Nächtliche Reise

Sterben ist eine aufgewühlte Nacht
und ein neuer Weg.

Emily Dickinson (1830–1886), USA

344 Seele und Körper

Mit Abscheu schaut der Geist auf den Staub,
der ihn so lange gefesselt hat,
wie ein Vogel,
der seines Liedes beraubt ist.

Emily Dickinson (1830–1886), USA

345 Unmöglich

Du in mir und ich in dir. Tod! Was ist der Tod? Es gibt keinen Tod: In dir ist das unmöglich, ja absurd.

Mark Rutherford (1829–1913), England

346 Abschied

Was weinest du neben dem Grabe
und hebst die Hände zur Wolke des Todes
und der Verwesung empor?

Wie Gras auf dem Felde sind die Menschen
dahin, wie Blätter, nur wenige Tage
gehn wir verkleidet einher!

Der Adler besuchet die Erde,
doch säumt nicht, schüttelt vom Flügel den Staub
und kehret zur Sonne zurück.

Matthias Claudius (1740–1815), Deutschland

347 Die Tiefe der Welt

Die Welt ist tief,
und tiefer als der Tag gedacht.
Tief ist ihr Weh –,
Lust – tiefer noch als Herzeleid:
Weh spricht: Vergeh!
Doch alle Lust will Ewigkeit –,
will tiefe, tiefe Ewigkeit!

Friedrich Nietzsche (1844–1900), Deutschland

348 Abschied

Meine Freude am Tod
übersteigt die eines Kaufmanns,
der ein gutes Geschäft gemacht hat,
oder eines siegreichen Kriegshelden,
oder eines in Trance versunkenen Weisen.
Wie der Reisende sich auf den Weg macht,
werde ich diese Welt verlassen und heimkehren ...
Mein Leben ist vorüber und mein Schicksal erfüllt ...
Ich nähere mich dem Boden erster Vollkommenheit.

Longchenpa (1308–1363), Tibet

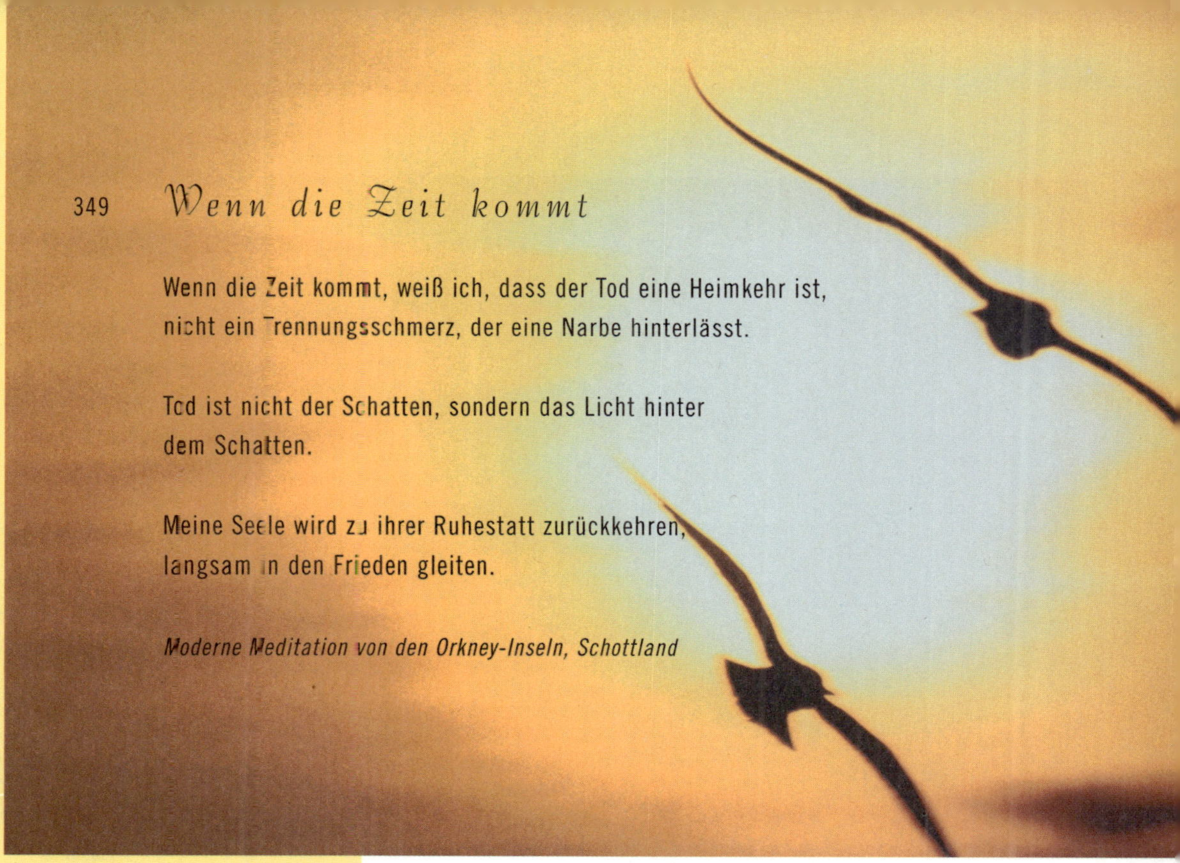

349 ## Wenn die Zeit kommt

Wenn die Zeit kommt, weiß ich, dass der Tod eine Heimkehr ist,
nicht ein Trennungsschmerz, der eine Narbe hinterlässt.

Tod ist nicht der Schatten, sondern das Licht hinter
dem Schatten.

Meine Seele wird zu ihrer Ruhestatt zurückkehren,
langsam in den Frieden gleiten.

Moderne Meditation von den Orkney-Inseln, Schottland

350 ## Flug der Seele

Reine, gute Seele, wie lange noch willst du reisen?
Du bist des Königs Falke. Auf das Geheiß
seines Rufs fliege zurück!

Jelaladdin Rumi (1207–1273), Persien

351 Das leere Zimmer

Geh und fege das Zimmer deines Herzens. Bereite es vor für die Gegenwart des Geliebten. Wenn du gehst, wird er eintreten. Wenn du von dir selbst befreit bist, wird er all seine Schönheit offenbaren.

Shabistari (geb. 1936), Iran

352 Dämmerung

O Nacht, o Dunkel,
o geballte Wolken,
Licht durchbricht den Himmel,
strahlt.
Christus kommt. Nehmt Abschied!

Die Nebel haben sich geteilt,
durchbohrt von Sonnenstrahlen,
die Dinge leuchten farbig
vor seinem hellen Gesicht.

Prudentius (um 348–410), aus „Nox et tenebrae et nubila", Spanien

353 Scheiden

Was einer ist, was einer war,
beim Scheiden wird es offenbar.
Wir hören nicht, wenn Gottes Weise summt.
Wir schaudern erst, wenn sie verstummt.

Hans Carossa (1878–1956), Deutschland

354 Du

Ohne Vorbehalt und ohne Sorgen,
leg ich meinen Tag in deine Hand.

Sei mein Heute,
Sei mein gläubig Morgen,
Sei mein Gestern,
das ich überwand.

Frag mich nicht nach meinen Sehnsuchtswegen,
bin aus deinem Mosaik ein Stein.
Wirst mich an die rechte Stelle legen.
Deinen Händen bette ich mich ein.

Edith Stein (1891–1942), Deutschland

355 Der Schwan

Diese Mühsal, durch noch Ungetanes
schwer und wie gebunden hinzugehn,
gleicht dem ungeschaffnen Gang
des Schwanes.
Und das Sterben, dieses Nichtmehrfassen
jenes Grundes, auf dem wir täglich stehn,
seinem ängstlichen Sich-Niederlassen:
in die Wasser, die ihn sanft empfangen
und die sich, wie glücklich und vergangen,
unter ihm zurückziehn, Flut und Flut;
während er unendlich still und sicher
immer mündiger und königlicher
und gelassener zu ziehn geruht.

Rainer Maria Rilke (1875–1926), Österreich

356 Die Jugend der Liebe

Doch hin zur Gottheit inn'gem Verlangen
führt die Liebe die glaubende Seele,
sie weihet der Erde zum Himmel uns ein,
rein rinnt sie aus himmlischer Quelle:
sie trügt nicht der Worte tönender Schall,
die geheiligte Liebe umfasset das All.
Und siehe! Im ewigen Kreise sich dreht
die Zeit und das wechselnde Leben;
fest wie die unendliche Gottheit steht
der Tugend ewiges Streben:
Mög zitternd das Weltall verrauchen, vergehn,
fest werden die ewigen Tugenden stehn.

Annette von Droste-Hülshoff (1797–1848), Deutschland

357 Der erste Schritt

Das Grab ist der erste Schritt auf der Reise
in die Ewigkeit.

Mohammed (570–632)

358 ## Verborgener Schatz

Das Himmelreich gleicht einem Schatz, verborgen im Acker, den ein Mensch fand und verbarg, und in seiner Freude ging er hin und verkaufte alles, was er hatte und kaufte den Acker.

Matthäus *13:44*

359 ## Ausruhen

Du bist der wahre Herzensfriede. Du bist die einzige Ruhe. Alles außer dir ist Leid und Schwierigkeit. Du bist Frieden, in dem ich schlafen und ruhen will. Amen.

Thomas a Kempis (1380–1471), Deutschland

Ewigkeit

360 Hymne des grenzenlosen Geistes

Ich habe den Gipfel des Berges erreicht, mein Geist fliegt in den Himmel der Freiheit und Befreiung. Ich bin weit, weit weggegangen. Ihr Kinder meiner Mutter: die Hügel jenseits des Nebels sind meinem Blick verborgen, die letzten Spuren der Täler vom Meer der Heiterkeit überflutet und alle Wege und Pfade von der Hand des Vergessens ausradiert worden.
Das Rauschen der Wogen ist verebbt. Ich höre nur noch die Hymne der Ewigkeit, die mit dem Geist in Harmonie ist.

Kahlil Gibran (1883–1931), Libanon

361 Nebel und Himmel

Die Reinheit, die wir lieben, gleicht dem Nebel, der die Erde umhüllt, nicht dem azurnen Himmel über uns.

Henry David Thoreau (1817–1862), USA

362 ## Auflösung

Wir,
wie einzelne Regentropfen,
berstend, dann schmelzend und zerlaufend,
werden alle aufgesaugt werden.
Wieder –

Verschmelzen
in eins.

Christopher Pearse Cranch (1813–1892), USA

363 ## Die Zeit

Aus eigener Kraft verzehrt die Zeit
alle Lebewesen. Niemand aber weiß,
wann er verzehrt werden wird.

Aus dem Mahabharata *(6. Jh. v. Chr.), Indien*

364 *Vermächtnis*

Nichts, das existiert, kann sich in Nichts auflösen. In allem, was lebt, wirkt die ewige Kraft: Sei und freue dich im Sein! Das Sein ist ewig, und Gesetze bewahren die Schätze des Lebens, mit denen das All sich geschmückt hat.

Johann Wolfgang von Goethe (1749–1832), Deutschland

365 *Eine Frage der Zeit*

Für jeden von uns kommt die Zeit, wo wir feststellen, dass das Universum ein Traum war und die Seele unendlich besser als ihre Umgebung. Das ist nur eine Frage der Zeit, und Zeit bedeutet nichts in der Unendlichkeit.

Shirdi Sai Baba (1856–1918), Indien

Versanfänge

Autoren und Quellen

Danksagungen

Die Zahlen beziehen sich auf die Nummern der Texte. Für die deutsche Ausgabe wurde nach den englischen Texten übersetzt, deutschsprachige Autoren werden mit ihren Originaltexten zitiert.

3 aus THE RUBAIYAT von Jalil al-Din Rumi, übersetzt von Azima Medita Kolin und Maryam Mafi,1999 (Thorsons, an imprint of HarperCollins);**4** aus Rilke, BUCH DER BILDER, Insel Verlag, **5, 28, 327** aus SELECTED WRITINGS von Meister Eckhart; **10, 353** aus THE SCRIPTURE OF THE GOLDEN ETERNITY von Jack Kerouac (City Lights, 1994); **11, 43, 78, 105, 111, 157** aus BUDDHA'S LITTLE INSTRUCTION BOOK von Jack Kornfield (Rider, 1996). Nachdruck mit Genehmigung von Random House Group Ltd, UK; **12, 55, 276, 364** aus GOETHE: GESAMMELTE WERKE, Hamburger Ausgabe; **14, 42, 49, 192, 324** aus DAS BHAGAVAD GITA, 1962. Nachdruck mit Genehmigung von Penguin Books Ltd.; **16, 251, 341** aus THE SPIRITUAL TEACHINGS OF SENECA von Mark Forstater und Victoria Rodin (Hodder Mobius, 2001). Nachdruck mit Genehmigung von Hodder and Stoughton Ltd, London, und Penguin Putnam, New York; **18** aus Rilke, DUINESER ELEGIEN, Manesse Verlag, **21** aus TAO TE CHING von Lao Tzu, 1993, übersetzt von Lombardo and Addiss. Nachdruck mit Genehmigung von Hackett Publishing Company Inc. All rights reserved; **24, 87, 210, 232, 296** aus Eichendorff, GESAMMELTE WERKE, Winkler Verlag, **25, 55, 65, 284, 293, 298, 301, 308** aus Goethe, GESAMMELTE WERKE, Hamburger Ausgabe, Beck Verlag, **26** aus A GOLDEN TREASURY OF CHINESE POETRY, hrsg. von John Deeney, Renditions Books, Hong Kong Research Zentrum für Übersetzungen der Chinesischen Universität von Hong Kong, 1997, S.101. Nachdruck mit Genehmigung der Rechteinhaber; **27,59, 69, 71, 156, 169,180, 183, 195, 205, 214, 222, 240, 280, 302, 314, 338, 346, 347, 355** aus Reimers, DER EWIGE BRUNNEN, **30, 92, 304** aus THE COLLECTED POEMS OF KATHLEEN RAINE, Golgonooza Press, Ipswich, 2000. Copyright © Kathleen Raine 2000. Nachdruck mit Genehmigung von Golgonooza Press (UK) and Counterpoint Press (US), a member of Perseus Books, L.L.C.; **33, 41, 47, 54, 83, 90, 91, 99, 101, 160, 165, 171, 172, 184, 185, 196, 197, 213, 220, 225, 228, 247, 278, 309, 310** Übersetzungs-Copyright © Duncan Baird Publishers, London, 2002; **38, 45, 260** aus THE SPIRITUAL TEACHINGS OF MARCUS AURELIUS von Mark Forstater 2001. Nachdruck mit Genehmigung von Hodder and Stoughton Ltd; **44, 119** aus MAGNIFICENT ONE: SELECTIONS FROM RUMI'S DIVAN-I KEBIR von Jalil al-Din Rumi, übersetzt von Nevit Oguz Ergin (Larson Publications, 1993); **46, 218** aus BREATHING TRUTH: RUMI QUOTATIONS von Muriel Maufroy (Blue Dolphin Publishing, 1997); **48, 149, 154** aus THE WISDOM OF THE TIBETAN LAMAS von Shantideva, Copyright © Timothy Freke (Godsfield Press, 1999). Nachdruck mit Genehmigung von David & Charles Ltd, London; **50** aus THE KORAN INTERPRETED von A. J. Arberry, Copyright © A.J. Arberry, 1942. Nachdruck mit Genehmigung von HarperCollins Publishers Ltd; **63** aus INTRODUCING BUDDHA, Übersetzungs-Copyright © Jane Hope (Icon Books Ltd, 1999); **68, 355** aus THE HEART OF THE BUDDHA'S TEACHING (1998)